BIBLIOTHEQUE D'ECONOMIE INTERNATIONALE

dirigée par Bernard Lassudrie-Duchêne et Jean-Louis Mucchielli

Gérard LAFAY

Deniz UNAL-KESENCI

L'INTEGRATION EUROPEENNE

BILAN ET PERSPECTIVES

REBUT

AF853653

...ERSITE DE SAVOIE

Inv. : ND 1229

DEWEY : 337.1 LAF

ECONOMICA

49, rue Héricart, 75015 Paris

© Ed. ECONOMICA, 1990

Tous droits de reproduction, de traduction, d'adaptation et d'exécution réservés pour tous les pays.

Sommaire

Avant-propos

Cette étude a été réalisée, dans le cadre du CEPII, pour la Conférence sur l'intégration économique organisée par la CEPAL à Santiago du Chili, les 2 et 3 Avril 1990.

Elle a été présentée à cette Conférence dans sa version espagnole sous le titre "Las consecuencias de un proceso de integracion economica : el ejemplo de la Comunidad Economica Europea" (LC/R.888, Sem.55/5). La version française a été mise au point grâce au concours de Béatrice Postec et Laure Bonavia, auxquelles nous exprimons notre reconnaissance.

Les auteurs remercient Jean-Michel Charpin pour ses critiques et suggestions, en particulier en ce qui concerne le Chapitre III. Les opinions émises et les erreurs qui pourraient subsister n'engagent évidemment que les auteurs.

Gérard Lafay Deniz Unal-Kesenci

Introduction

L'Europe à la recherche d'un second souffle

Le processus d'intégration économique qui est mené en Europe depuis plus de quarante ans offre une expérience historique particulièrement intéressante, et dont les leçons peuvent être instructives pour les autres zones du monde [1]. Il convient par conséquent d'en définir les caractéristiques, en décelant les éléments qui ont favorisé la construction européenne, mais aussi les obstacles qui ont été rencontrés et la façon dont ils ont été surmontés au cours de différentes phases.

Les problèmes politiques, qui resurgissent aujourd'hui avec le mouvement de libération observé à l'Est de l'Europe, ont été au départ du processus d'intégration à l'Ouest. Au lendemain de la seconde guerre mondiale, il s'agissait avant tout d'éviter le retour des conflits qui avaient ensanglanté le vieux continent. La construction européenne fut donc fondée sur la réconciliation entre la France et l'Allemagne, c'est-à-dire entre les deux nations qui avaient été au cœur du déclenche-

1. En français, la région peut désigner, selon les cas, deux concepts différents : soit un vaste regroupement de nations par continent ou sous-continent, soit un territoire beaucoup plus réduit qui résulte d'un découpage à l'intérieur d'une nation donnée. Pour éviter toute ambiguïté, on réservera ici l'appellation "région" à la seconde acception de ce terme, et l'on parlera de "zone" dans le premier cas.

ment des deux conflits mondiaux. Tel était l'objectif des "Pères de l'Europe", Jean Monnet et Robert Schuman, et cette réconciliation franco-allemande fut scellée ultérieurement par Charles de Gaulle et Konrad Adenauer.

Très vite, cependant, le déclenchement de la "guerre froide" entre l'Est et l'Ouest donna une autre tonalité à la construction européenne. Mettant la main sur les pays d'Europe centrale, l'Union soviétique leur avait interdit de bénéficier de l'aide des Etats-Unis, apportée par le Plan Marshall. Dès lors, la Communauté européenne devait se présenter comme un moyen collectif de répondre au défi du bloc communiste. Réduite à la partie occidentale du continent, elle se construisit dans le cadre de l'Alliance atlantique et sous la protection nucléaire américaine.

Bien qu'elle ait répondu initialement à une volonté politique, c'est dans le domaine économique que la construction européenne a le plus progressé au fil des années. La première Communauté est apparue, au début des années cinquante, sous la forme de la CECA. Elle était consacrée au charbon et à l'acier, c'est-à-dire aux symboles des premières révolutions industrielles. Parallèlement, la tentative politique de création d'une Communauté Européenne de Défense (CED) échoua en 1954. Puis le Traité de Rome, en 1957, fonda la Communauté Economique Européenne (CEE) en créant, par étapes, un "marché commun".

Le marché commun – dont le bilan est présenté dans la première partie – est un exemple caractéristique d'intégration par le commerce international. Il comporte pour les produits industriels une union douanière, avec un tarif extérieur commun sur les importations extra-communautaires, et pour les produits agricoles une fixation commune des prix, accompagnée de prélèvements à l'importation et de restitutions à l'exportation. Les résultats en ont été particulièrement favorables dans les années soixante et jusqu'au début des années soixante-dix, époque où les pays de la Communauté Economique Européenne connaissaient un rythme élevé de croissance et rattrapaient graduellement leur retard sur les Etats-Unis.

La situation de l'Europe occidentale s'est modifiée lorsque les deux chocs pétroliers de 1973 et 1979, puis la montée du Japon et des nouveaux pays industriels d'Asie, ont changé le paysage mondial. L'ensemble de la zone a très mal supporté la crise : voyant remettre en cause les avantages qu'elle avait acquis dans le passé[1], elle est entrée dans un processus de déclin qui a accentué la disparité des positions nationales à l'intérieur de la Communauté. C'est pourquoi l'Europe est désormais à la recherche d'un second souffle.

Pour répondre aux nouveaux défis, une relance de la construction européenne – présentée dans la seconde partie – a été enclenchée depuis le milieu des années quatre-vingt. Le 1er janvier 1993 doit voir l'avènement d'un "marché unique" à l'échelle des Douze pays de la CEE. Suivant l'objectif qui a été défini, "la création d'un véritable marché intérieur européen supprime une série de contraintes qui empêchent aujourd'hui les entreprises d'être aussi efficaces qu'elles le pourraient et d'employer pleinement leurs ressources ; elle favorise, d'autre part, un climat plus concurrentiel qui incite les opérateurs économiques à exploiter de nouvelles opportunités"[2].

Quatre principaux types d'effets sont attendus du grand marché européen :

– une réduction significative des coûts due, notamment, à une meilleure exploitation des économies liées à la dimension des unités de production ou des entreprises ;

– une efficacité accrue au sein des entreprises, une rationalisation des structures industrielles et un système de prix plus cohérent, par suite du renforcement de la concurrence ;

– des ajustements entre industries par le jeu renforcé des avantages comparatifs dans un marché intégré ;

– un flux d'innovations, qu'elles concernent les processus ou les produits, favorisé par la dynamique du marché intérieur.

Selon le chiffrage effectué en 1987, la restructuration en cours devrait élever le Produit Intérieur Brut d'environ 5 %, d'ici 1992, pour l'ensemble de la CEE. Des effets importants, de nature dynamique et à plus long terme, pourraient s'y ajouter et devraient se prolonger au-delà de cette date. Il est de fait que la perspective du marché unique a déjà suscité, parmi les entreprises, un profond mouvement de recomposition de l'appareil productif : fusions ou acquisitions, accords

---

1. Cf. G. Lafay, C. Herzog, L. Stemitsiotis et D. Unal, "Commerce international : la fin des avantages acquis" (Economica, 1989).

2. Cf. le rapport du Comité Cecchini sur les coûts de la non-Europe, dont les résultats détaillés ont été présentés dans "1992 : la nouvelle économie européenne" (Economie européenne, n° 35, mars 1988).

de recherche pré-concurrentielle, consortiums de production. Et à la suite du contre-choc pétrolier de 1986, le taux de croissance du PIB de la Communauté a dépassé 3,5 % en 1988 et 1989.

Amorcée par le Livre Blanc et l'Acte Unique de 1985, la relance de la construction européenne ne s'arrête cependant pas à la réalisation d'un grand marché unifié. Des objectifs plus ambitieux encore ont été fixés récemment. Le rapport du comité Delors, présenté en avril 1989, vise à "l'union économique et monétaire dans la Communauté européenne", afin de répondre aux problèmes de régulation monétaire et budgétaire. Et l'accent sur les aspects institutionnels est de nouveau renforcé dans le discours de Jacques Delors devant le Parlement européen à Strasbourg, le 17 janvier 1990. La construction européenne tend ainsi à retrouver un contenu politique au moment où les bouleversements à l'Est du continent conduisent à élargir sa dimension.

Première partie

Bilan de la construction du marché commun

Réalisée par étapes, la construction du marché commun a eu pour principal effet d'abolir les barrières douanières entre les six membres fondateurs de la Communauté, puis de les réduire graduellement avec les six pays qui y ont ensuite adhéré. Des accords d'association ont également été conclus entre la CEE et des pays situés dans d'autres zones, soit en Europe, soit outre-mer en Afrique, dans les Caraïbes et le Pacifique (pays ACP).

Ce processus de désarmement douanier a été plus rapide et plus profond que celui qui a été entrepris au niveau international sous l'égide du GATT, mais les cycles successifs de négociations commerciales multilatérales ont conduit à un abaissement du tarif extérieur commun qui, pour les produits industriels, représentait la seule forme communautaire de protection. Dans le domaine agricole, en revanche, la protection du marché commun a varié de facto en fonction de l'écart entre le prix européen et le prix mondial de chaque produit.

Jusqu'à présent, la disparition des droits de douane (dans la Communauté) ou leur abaissement (vis-à-vis du reste du monde) ont laissé subsister des mesures nationales de protection. Dans l'industrie, des obstacles non-tarifaires sont demeurés, même sur les échanges à l'intérieur de la CEE (normes, marché publics) ; ils sont parfois apparus sur les importations extra-communautaires lorsque certains Etats ont voulu protéger leurs entreprises des formes les plus vives de concurrence (quotas fixés unilatéralement ou par des négociations multilatérales, autolimitation imposée ou négociée avec les exportateurs). Dans l'agriculture, la politique commune de prix a été perturbée par les variations de taux de change qui ont suscité temporairement, entre les pays membres, des Montants Compensatoires Monétaires (MCM). Les services, enfin, ont été pratiquement exclus de la construction européenne.

Tel qu'il a fonctionné, le marché commun n'a pas isolé la CEE du reste du monde, mais il a permis une intégration par le commerce international à l'intérieur de la zone (Chapitre I). Il est possible d'en mesurer les effets en étudiant les échanges de marchandises, tant au sein de la Communauté qu'avec les autres zones. Cette analyse permet de comprendre les conditions globales de réussite du marché commun, mais aussi les difficultés qui subsistent en raison de la diversité des positions nationales à l'intérieur de la Communauté (Chapitre II).

Chapitre I

L'intégration européenne par le commerce international

Section 1. Le commerce communautaire : des années 50 aux années 80

Le Traité de Rome a joué un rôle décisif dans l'orientation géographique des échanges des pays signataires. Le commerce mutuel entre les douze pays membres actuels de la Communauté s'élevait à 11,8 % de l'ensemble du commerce mondial en 1957, c'est-à-dire avant l'entrée en vigueur du Traité (cf. graphique A) ; au cours des dix années suivantes, il a augmenté de près de 6 points pour atteindre 17,6 % en 1967. Durant cette première décennie, le choix délibéré du marché commun comme principal partenaire commercial, de la part des six pays fondateurs, allait de pair avec un développement général des échanges au sein de l'Europe occidentale, grâce notamment à la disparition des contingentements qui avait été opérée dans le cadre de l'OECE (Organisation européenne de coopération économique).

A côté de l'effet d'attraction propre au marché commun, on observe ainsi une intensification des échanges entre les six membres fondateurs de la CEE (France, Allemagne fédérale, Italie, Pays-Bas, Belgique, Luxembourg) et les six pays qui devaient la rejoindre à des dates ultérieures (Royaume-Uni, Danemark et Irlande en 1973, Grèce en 1981, Espagne et

Portugal en 1986). En outre, le mouvement de décolonisation qui marquait cette époque favorisait le resserrement des échanges entre les pays européens. Ainsi, un pays comme la France, dont le principal partenaire commercial était l'Algérie dans les années 50, devait redéployer ses échanges en direction de l'Europe afin de compenser le relâchement relatif de ses liens avec l'Afrique.

Pendant la période suivante, entre 1967 et 1973, le rythme de croissance des échanges intracommunautaires se ralentit, le gain par rapport à l'ensemble du commerce mondial n'étant plus que de 3,8 points. En 1973, cependant, les échanges intracommunautaires (CEE à 12) représentaient plus d'un cinquième du commerce mondial total (21,4 %).

Les deux chocs pétroliers, survenus en 1973 et 1979, provoquèrent un redéploiement en sens inverse. Subissant un accroissement brutal de leurs importations, les pays membres intensifièrent leurs exportations vers les pays fournisseurs

Graphique A :
Commerce à l'intérieur de la CEE à 12

A. Part dans le commerce mondial (en %)

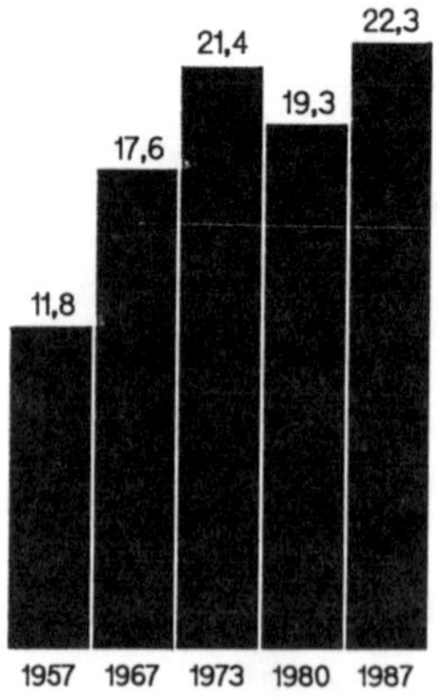

B. Variations par sous périodes (en % du commerce mondial)

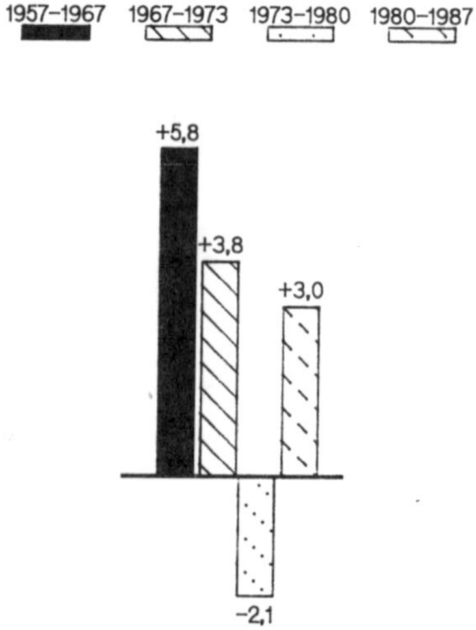

Source : OCDE, Statistiques du commerce international
CEPII, base CHELEM-Commerce international.

de pétrole en Afrique et au Moyen Orient, car ceux-ci bénéficiaient alors d'un pouvoir d'achat considérable. Ainsi, la part des échanges intra-communautaires dans le commerce mondial baissa de deux points de 1973 à 1980, tandis la part des exportations des pays de l'OPEP faisait plus que doubler.

Depuis 1980, la part des échanges intra-communautaires dans le commerce mondial a repris sa progression puisque le gain obtenu jusqu'en 1987 (trois points) a plus que compensé le recul de la période précédente. En 1987, les échanges entre les douze pays membres de la Communauté ont ainsi atteint 22,3 % des échanges mondiaux.

Vis-à-vis du reste du monde, on n'observe pas véritablement de détournement de trafic puisque les échanges des pays de la Communauté se sont également accrus. Toutefois, leur rythme de croissance a été plus faible que la moyenne mondiale si l'on considère l'ensemble de la période de trente années. En termes de structure, la réorientation géographique des flux, résultant du Traité de Rome, s'est donc exercée au détriment des échanges avec le reste du monde. Tandis que le commerce à l'intérieur de la CEE gagnait au total près de 11 points entre 1957 et 1987, ces trente années ont été marquées par la diminution de la part des échanges des pays de la Communauté avec le reste du monde : quatre points de baisse à l'exportation, passant de 19,1 % à 15,4 % du commerce mondial, et huit points de baisse à l'importation, tombant de 21,6 % à 13,9 % (cf. graphique B).

Graphique B :

Exportations et importations de la CEE à 12 avec le reste du monde (en % du commerce mondial)

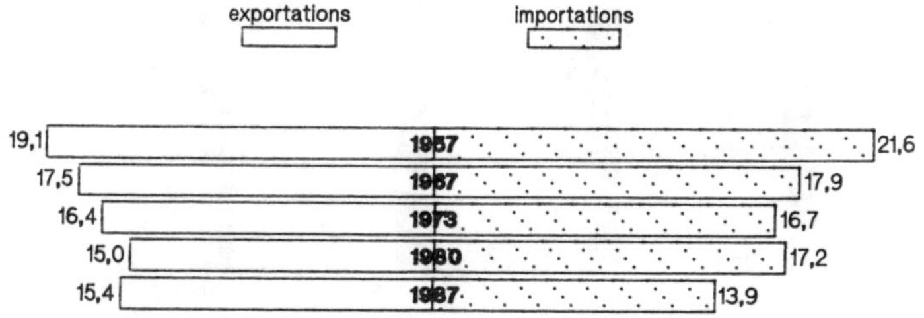

Source : Nations Unies, Statistiques du commerce international.
CEPII, base CHELEM-Commerce international.

Parmi les partenaires des Douze membres de la CEE, il convient cependant de classer séparément les pays ouest-européens qui ne font pas partie de la Communauté. Il s'agit, d'une part, des six membres actuels de l'AELE (Association Européenne de Libre Echange qui ne comprend plus aujourd'hui que la Suède, la Norvège, l'Islande, la Finlande, la Suisse et l'Autriche), d'autre part, de cinq pays méridionaux qui se situent dans l'orbite ouest-européenne (Turquie, Yougoslavie, Israel, Chypre et Malte). (Voir en annexe 2 le découpage géographique et sectoriel).

Au-delà du cercle des Douze pays de la Communauté, l'intégration économique s'est étendue, en réalité, à l'ensemble de la zone de l'Europe occidentale (cf. graphique C). L'évolution du commerce entre les pays de la Communauté et les autres pays ouest-européens a toujours été en phase avec celle du commerce intra-communautaire. Certes, dans un premier temps, avec le décollage du marché commun, les échanges mutuels entre les pays membres se sont accrus plus

Graphique C :
Composition du commerce intra-européen*
(en % du commerce mondial)

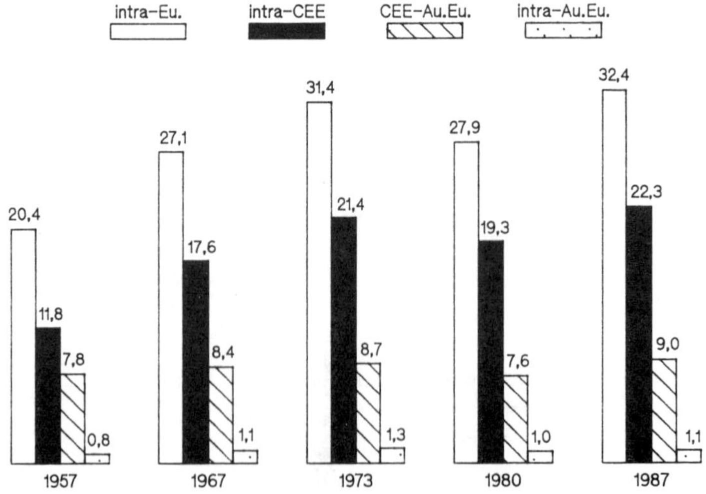

Source : OCDE, Statistiques du commerce international
CEPII, base CHELEM-Commerce international.

* A l'exclusion de l'Europe de l'Est.

rapidement que ceux avec leurs autres partenaires de la zone. Mais depuis le milieu des années 70, la part de ces échanges – qui s'élève à près d'un tiers du commerce intrazone – n'a pratiquement pas bougé (cf. graphique D).

Graphique D :
Composition du commerce intra-européen*
(en % du commerce intra-européen)

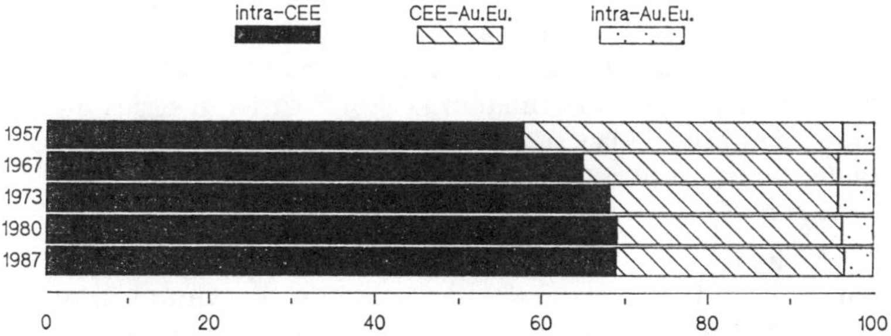

Source : OCDE, Statistiques du commerce international
CEPII, base CHELEM-Commerce international

* A l'exclusion de l'Europe de l'Est.

Ayant très peu d'échanges entre eux ou avec le reste du monde, les autres pays d'Europe occidentale sont non seulement des partenaires commerciaux privilégiés de la CEE, mais aussi suivent de près les politiques monétaires et économiques menées dans le cadre de la Communauté (en particulier en ce qui concerne les membres de l'AELE). Même s'ils n'ont pas signé le Traité de Rome, ces pays, de par leurs liens historiques et culturels, et en raison de leur proximité géographique, font partie de l'ensemble économique ouest-européen.

Section 2. Le commerce à l'intérieur de l'Europe occidentale

Les flux réciproques entre les pays ouest-européens dessinent la géographie commerciale de la zone. Les principaux flux sont représentés, pour l'année 1987, dans le graphique E où les pays membres de la CEE figurent en traits épais. Les chiffres correspondent à la somme des exportations et des importations mutuelles, en pourcentage du commerce total à l'intérieur de l'Europe occidentale ; seuls ceux qui sont supérieurs ou égaux à 1,2 % y sont représentées.

Les flux bilatéraux entre les pays de la CEE jouent un rôle prédominant dans la géographie ouest-européenne. Cependant, à l'intérieur de la Communauté, apparaissent des zones relativement périphériques : le Portugal et la Grèce qui n'interviennent pas encore significativement dans le commerce intra-européen ; l'Irlande qui ne possède des liens importants qu'avec le Royaume-Uni ; le Danemark qui est essentiellement tourné vers l'Allemagne fédérale ; et l'Espagne qui, pour le moment, ne commerce significativement qu'avec la France et la RFA. Mais tous ces pays, même s'ils ne possèdent pas de flux bilatéraux significatifs avec les autres Etats membres de la Communauté, échangent très peu avec le reste du monde, et la CEE est leur principal partenaire commercial.

A l'heure actuelle, les lignes de force de l'intégration par le commerce international, au sein de la Communauté, correspondent essentiellement aux liens commerciaux entre les six pays fondateurs et le Royaume-Uni qui les a rejoints en 1973. Le flux bilatéral le plus important (7,0 %) demeure, en 1987, celui entre l'Allemagne fédérale et la France. Ces deux pays constituent les deux pôles du commerce intra-communautaire, et chacun d'entre eux est le principal partenaire de l'autre.

Pour la France, le second partenaire privilégié est l'Italie (4,6 %), suivie de l'ensemble Belgique-Luxembourg (UEBL 3,6 %) et du Royaume-Uni (3,1 %). Les Pays-Bas et l'Espagne interviennent de façon moins importante comme partenaires de la France (respectivement 1,9 % et 1,7 %). Du côté de l'Allemagne fédérale, les flux bilatéraux dans le cadre de la CEE atteignent des valeurs sensiblement plus élevées : 6,3 % avec les Pays-Bas, 5,9 % avec l'Italie, 5,3 % avec le Royaume-Uni, et 4,6 % avec l'ensemble Belgique-Luxembourg, tandis que l'Espagne (1,5 %) et le Danemark (1,2 %) viennent aux derniers rangs.

A côté de ces deux pôles que constituent la RFA et la France, les autres pays fondateurs (Italie, Pays-Bas et UEBL) ainsi que le Royaume-Uni sont tous liés par des échanges bilatéraux significatifs (cf. graphique E), mais ceux-ci dépassent très rarement 3 % du commerce intra-européen (3,3 % pour les Pays-Bas et l'UEBL).

Graphique E :
Principaux réseaux du commerce intra-européen en 1987*
(en % du commerce intra-européen)

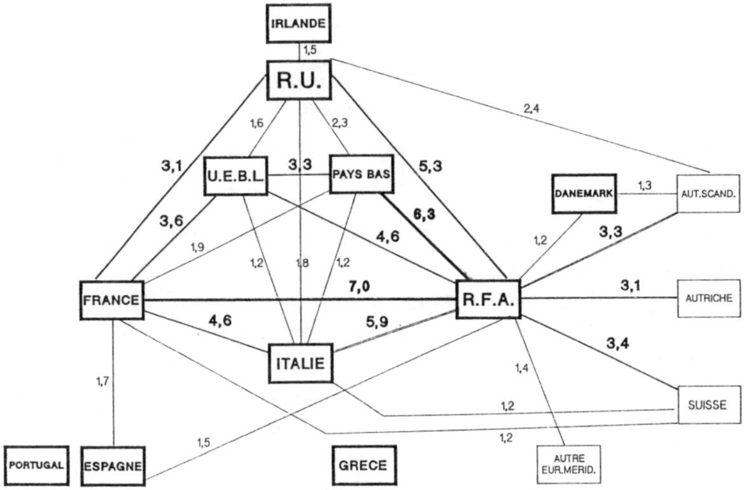

Source : CEPII, base CHELEM-Commerce International
* A l'exclusion de l'Europe de l'Est.

Les autres pays ouest-européens sont fortement intégrés à la zone : 68 % de leurs exportations lui sont destinées en 1987, et 75 % de leurs importations en proviennent (cf. Colette Herzog, 1989). Ils peuvent être considérés comme une sorte de périphérie de la CEE, car le commerce mutuel entre tous ces pays ne correspond qu'à 3,4 % du commerce intra-européen, alors que leurs échanges avec la CEE représentent 27,7 % en 1987. Au sein de la Communauté, l'Allemagne Fédérale est – de loin – le principal partenaire des pays européens qui ne font pas partie de la CEE. Les échanges entre la RFA et ces pays atteignent 11,2 % du commerce intra-zone en 1987 : 3,4 % avec la Suisse, 3,3 % avec les pays scandinaves autres que le Danemark, 3,1 % avec l'Autriche, et 1,4 % avec les pays d'Europe méridionale non membres de la CEE.

A l'exception des échanges entre le Danemark et les autres pays scandinaves (1,3 %), les autres flux bilatéraux significatifs entre la Communauté et le reste de l'Europe occidentale concernent, d'une part, les relations entre le Royaume-Uni et ses anciens partenaires scandinaves de l'AELE (2,4 %), d'autre part, le commerce de la France et de l'Italie avec leur voisin suisse (1,2 % pour chacun des deux pays).

Au total, l'Allemagne fédérale a une place tout à fait particulière dans le commerce intra-européen : se trouvant au centre d'un réseau qui correspond à 43,0 % du commerce intrazone, elle se présente également comme le principal relais entre la CEE et les autres pays de l'Europe occidentale.

Entre 1967 et 1987, le poids du commerce intra-européen a augmenté de 5,3 points dans le commerce mondial. Cette croissance recouvre divers changements d'orientation des flux qui, souvent, ont été suscités par les nouvelles adhésions de pays à la Communauté européenne. Le graphique F représente les principales variations intervenues de 1967 à 1987 au sein du commerce intra-européen. Seules y figurent les variations supérieures ou égales (en valeur absolue) à 0,3 % des échanges intrazone, en traits pleins s'il s'agit d'augmentations, en traits pointillés dans les cas de diminutions.

Graphique F :
Principales variations du commerce intra-européen* : 1967-1987 (en % du commerce intra-européen)

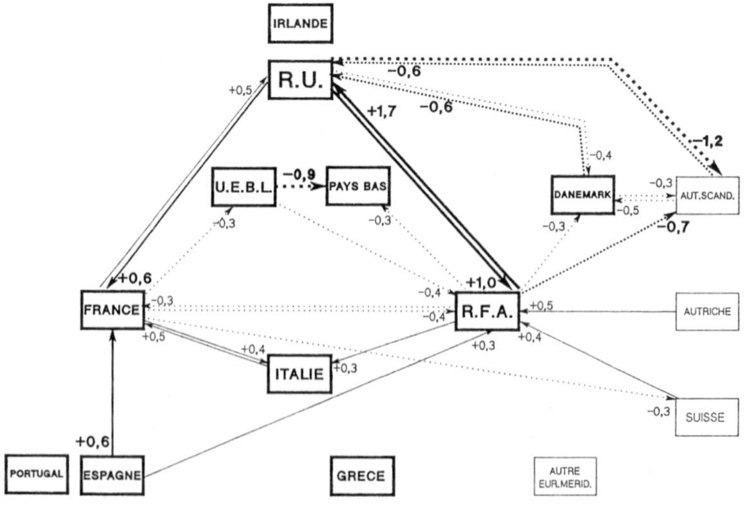

Source : CEPII, base CHELEM-Commerce International
* A l'exclusion de l'Europe de l'Est.

L'entrée du Royaume-Uni dans la CEE est sans doute le fait le plus marquant de la période. Elle s'est matérialisée par un détournement du commerce britannique, au détriment des pays de l'Association Européenne de Libre-Echange (surtout les pays scandinaves) et au profit des pays de la CEE (en particulier la RFA et la France). Ainsi, au cours de ces vingt ans, les exportations et les importations du Royaume-Uni, vis-à-vis des pays scandinaves autres que le Danemark, ont respectivement diminué de – 1,2 % et de – 0,6 % du commerce intra-européen ; elles ont au contraire augmenté respectivement de + 1,0 et de + 1,7 point vis-à-vis de l'Allemagne fédérale, ainsi que de + 0,6 et de + 0,5 point vis-à-vis de la France.

Sur la même période, on observe aussi une expansion du commerce vers le Sud de la Communauté : les exportations et les importations de la France avec l'Italie ont crû respectivement de + 0,4 et de + 0,5 point, tandis que les exportations allemandes vers le même pays augmentaient de + 0,3. Par ailleurs, l'Espagne a réussi à accroître ses exportations de + 0,6 vers son voisin français et de + 0,3 vers la RFA.

L'élargissement de la Communauté, dans un premier temps vers le Nord-Ouest et dans un deuxième temps vers le Sud, a accéléré le rythme de croissance des échanges avec les nouveaux pays membres. Ainsi, toutes choses égales par ailleurs, les relations commerciales entre les pays fondateurs de la CEE (hormis l'Italie) ont relativement régressé en pourcentage du commerce intrazone. La baisse la plus importante concerne les exportations de l'ensemble Belgique-Luxembourg vers les Pays-Bas (– 0,9 point), les autres étant d'une ampleur plus réduite (cf. graphique F).

Pour les pays de petite taille, à l'intérieur de la CEE, le commerce intrazone n'a pas changé significativement, de 1967 à 1987, dans la plupart des cas. Seul le Danemark a connu une baisse relativement importante de ses échanges avec le Royaume-Uni d'une part (– 0,6 point à l'exportation et – 0,4 à l'importation), et avec l'Allemagne fédérale d'autre part (– 0,3 à l'importation). Cependant, le Danemark ne s'est pas pour autant tourné vers les autres pays européens, et ses relations commerciales avec les autres pays scandinaves ont même régressé (– 0,3 point pour ses exportations et – 0,5 pour ses importations).

Le commerce de la Communauté avec les autres pays européens a connu des évolutions importantes en ce qui concerne les pays alpins et les pays scandinaves. Les premiers

(Suisse et Autriche) ont intensifié leurs exportations vers l'Allemagne fédérale (respectivement de + 0,4 et de + 0,5 point), cependant que la France a vu baisser ses exportations vers la Suisse. Les seconds (hors le Danemark) ont été sujets à des baisses de flux considérables : d'une part à l'importation vis-à-vis du Royaume-Uni et de la RFA (– 1,2 et – 0,7 point respectivement), et d'autre part vis-à-vis du Danemark, seul pays scandinave membre de la CEE (– 0,5 à l'exportation et – 0,3 à l'importation).

Section 3. La proximité des pays fondateurs de la CEE

Les évolutions au cours des vingt dernières années (1967-1987) peuvent être décomposées suivant trois périodes successives. Dans le graphique G figurent les principales variations de flux commerciaux, entre les nations d'Europe occidentale, pour les périodes 1967-1973, 1973-1980 et 1980-1987.

Pendant la première période, de 1967 à 1973, la CEE n'est encore composée que de six pays. Le renforcement des échanges, qui provient essentiellement d'un effet de création de commerce entre les pays fondateurs, est le premier phénomène marquant de cette période. Le deuxième est l'éloignement qui commence déjà à s'amorcer entre le Royaume-Uni et les pays scandinaves, bien qu'ils fassent tous alors partie de l'AELE ; conçue en 1960 par les Britanniques pour concurrencer le Marché commun, cette association se révèle dès cette époque comme un échec.

L'élargissement de la Communauté vers le Nord-Ouest se réalise dans la période suivante (1973-1980). Désormais, le Royaume-Uni et le Danemark ont quitté l'AELE pour la CEE, qu'a rejointe également l'Irlande. Le fait marquant de cette période est l'intensification des échanges entre le Royaume-Uni et les six pays fondateurs de la Communauté, cependant que l'on observe aussi un renforcement des échanges entre l'Allemagne fédérale et les pays alpins (Suisse et Autriche).

La dernière période (1980-1987) est marquée par l'adhésion de la Grèce, suivie de celles de l'Espagne et du Portugal. Cet élargissement de la Communauté vers le Sud s'explique en partie par des raisons politiques, afin de consolider les nouvelles démocraties instaurées dans ces pays. Cette fois-ci, l'Espagne est le pays avec lequel l'intensification des flux est la plus remarquable, et ce avant même son entrée formelle dans

Graphique G :

Détail des variations du commerce intra-européen* par sous périodes (en % du commerce intra-européen)

1967-73

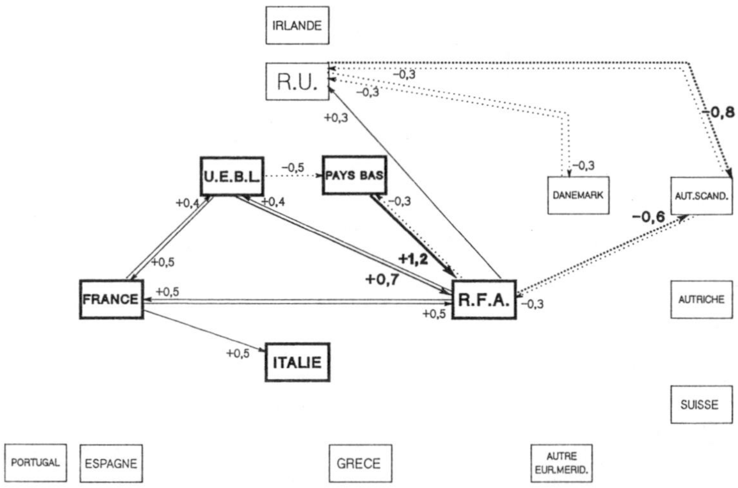

1973-80

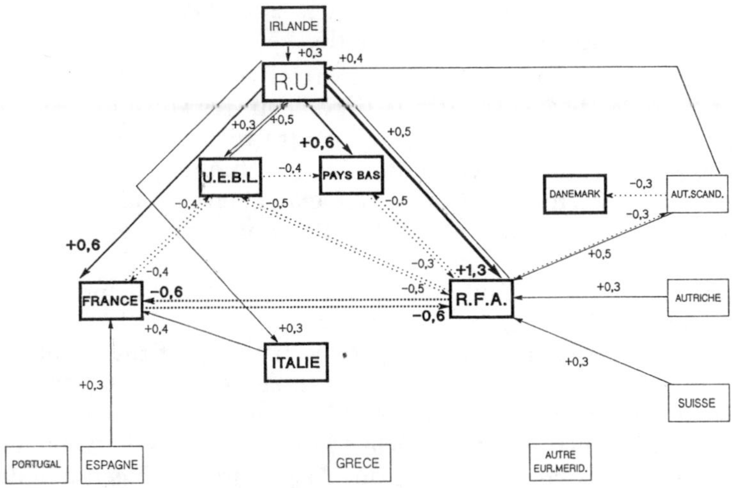

Graphique G : (suite)

1980-87

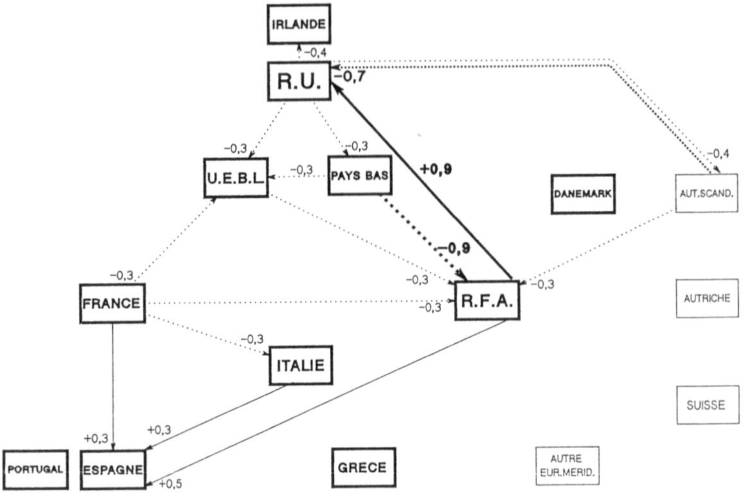

Source : CEPII, base CHELEM-Commerce International
* A l'exclusion de l'Europe de l'Est.

la CEE en 1986. Par ailleurs, l'effet de rattrapage du Royaume-Uni, découlant de son entrée tardive dans le Marché Commun, se poursuit surtout à travers la hausse des importations venant d'Allemagne fédérale, alors que la baisse relative des échanges britanniques avec l'AELE actuelle se confirme encore dans cette période.

Le relatif éloignement commercial entre le Royaume-Uni et les pays de l'AELE, dès la fin des années soixante, est très instructif pour comprendre, par contraste, les conditions de la réussite du Marché commun. Géographiquement, dès l'origine, les pays membres de l'AELE étaient en effet dispersés sur le pourtour de l'Europe occidentale dont le cœur était occupé par la CEE (graphique H). Le Royaume-Uni, le Portugal, les pays alpins et les pays scandinaves apparaissaient comme des éléments disjoints, éparpillés à la périphérie de la Communauté européenne, tandis que les pays constituant celle-ci formaient au contraire un bloc compact et continu. Séparant les différents morceaux de l'AELE initiale, la distance géographique a constitué un obstacle à l'intensification des échanges dans cette zone, cependant que la proximité physique entre des pays voisins, membres de la Communauté européenne, a facilité leurs échanges mutuels.

Graphique H :
Composition de la CEE et de l'AELE

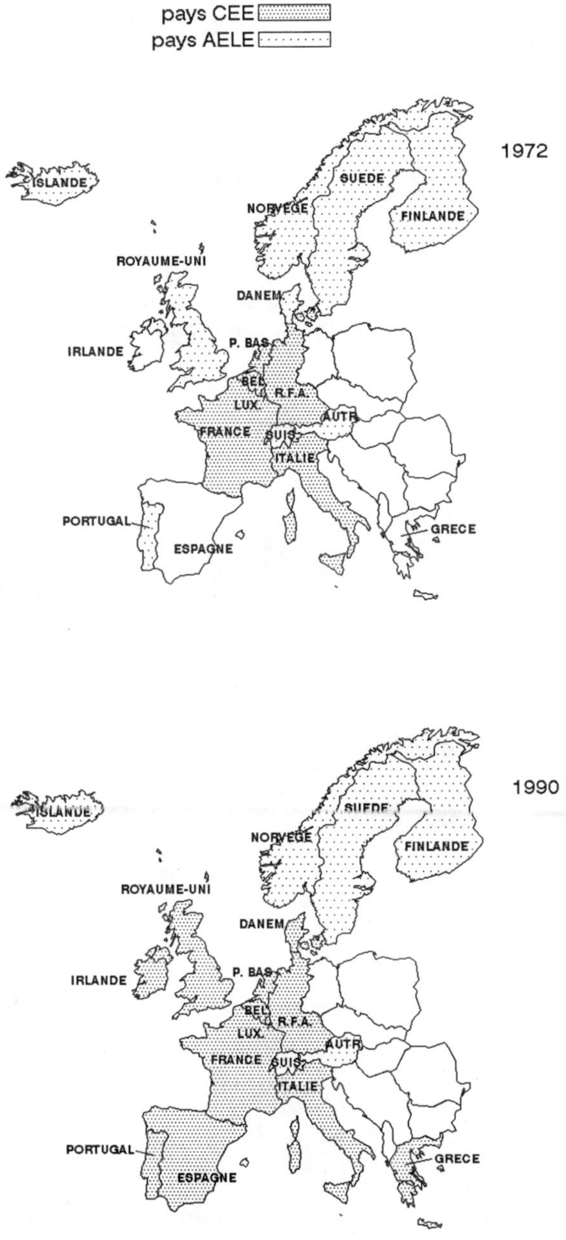

La proximité physique réduit les coûts de transport, et elle favorise d'autant plus les échanges qu'elle est renforcée par le développement des voies de communication. Ce phénomène pèse ainsi très lourd sur la réussite d'une intégration par le commerce extérieur. Le graphique I montre que, par rapport à l'ensemble du commerce mondial, le commerce entre les six pays fondateurs de la CEE a plus que doublé de 1957 à 1972, en progressant de + 8,5 points, tandis que celui entre les pays de l'AELE initiale n'a gagné que + 0,7 point.

Graphique I :
Commerce intra-CEE (à 6) et commerce intra-AELE en 1957 et 1972* (en % du commerce mondial)

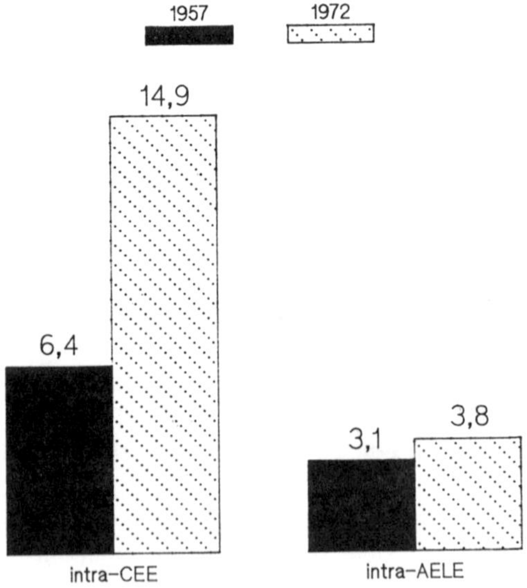

* Telle qu'elle est définie ici, l'AELE comprend les quatre membres permanents (Suède, Norvège, Suisse et Autriche), ainsi que les trois membres qui l'ont quittée après 1972 (Royaume-Uni, Danemark et Portugal) ; elle inclut également l'Islande (qui a adhéré en 1970) et la Finlande (membre associé depuis 1961, devenue membre à part entière depuis 1986).

Source : Nations Unies, Statistiques du commerce international
CEPII, base CHELEM-Commerce international

La proximité géographique entre les pays fondateurs n'est cependant pas le seul facteur explicatif de la réussite de la Communauté. S'y est ajoutée, en effet, une relative proximité économique entre ces pays. Ainsi, leurs niveaux de développement, de connaissances technologiques, de modes de vie et de consommation étaient assez comparables. Dans ce contexte, les échanges commerciaux à l'intérieur de la CEE n'ont pas suivi la même logique que le commerce de la zone avec le reste du monde. Il s'est agi d'un commerce entre pays développés, avec des structures d'offre et de demande relativement proches, et où les différences macro-économiques de dotations en facteurs de production jouent un rôle plutôt restreint.

A l'intérieur de la Communauté, en particulier entre les six pays fondateurs qui en constituent le noyau, les échanges s'expliquent principalement par les positions et les stratégies des entreprises. Le Marché Commun sert souvent de lieu de prolongation des marchés intérieurs. La spécialisation des espaces économiques nationaux s'opère et se transforme à un niveau relativement fin, et elle s'accompagne de flux réciproques d'exportations et d'importations à l'intérieur de chaque branche.

De nos jours, ce type d'échange intra-branche a un poids considérable dans le commerce entre les pays de la Communauté, allant même jusqu'au niveau d'échanges croisés de produits similaires. C'est ainsi que pour la France, en 1984, 48 % de son commerce intra-communautaire de produits manufacturés correspondait à des échanges croisés de produits similaires, mesurés au niveau le plus fin de la nomenclature douanière (cf. K.Abd-El-Rahman et J.M. Charpin, 1988).

Toutefois, il faut préciser que ce n'est pas le Marché Commun qui a suscité les échanges intra-branche entre les pays membres. Ce phénomène est mondial, il concerne le commerce de l'ensemble des pays développés dont les niveaux de revenus, les structures de demande et les modes de consommation sont semblables. A ce sujet, l'analyse du commerce intra-branche de l'Allemagne fédérale et du Royaume-Uni est instructive : mesurées à un niveau semi-détaillé, les parts du commerce intra-branche des deux pays dans leur commerce total sont quasiment identiques depuis 1963, alors que le Royaume-Uni n'est entré dans la Communauté qu'en 1973 (cf. A. Jacquemin et A. Sapir, 1987).

Comme B. Balassa l'a souligné (1986), "l'appartenance à la CEE ajoute peu aux effets de proximité et d'échanges frontaliers sur le degré de spécialisation intra-branche" (p. 37). La proximité "physique" et la proximité "économique" n'ont fait que favoriser l'intégration européenne, car elles existaient avant celle-ci. On peut d'ailleurs noter que des échanges de nature similaire existent entre l'Allemagne fédérale et deux pays limitrophes – l'Autriche et la Suisse – qui n'appartiennent pas à la Communauté européenne.

Section 4. L'Europe de l'Ouest vis-à-vis du reste du monde

Depuis longtemps, l'Europe occidentale occupe régulièrement une place prépondérante dans le commerce international. Si l'on regroupe avec la Communauté l'ensemble des pays ouest-européens, la part de cette zone était, en 1957,

Graphique J :
Répartition du commerce international, en incluant les échanges intra-zone (en % du commerce mondial)

A. Exportations

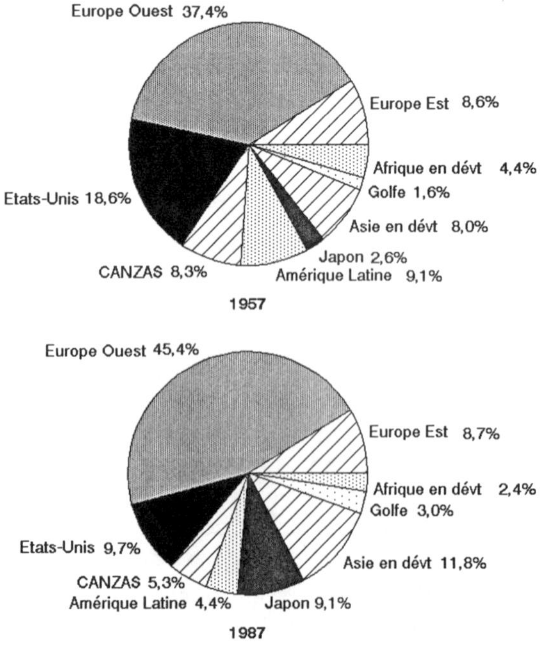

respectivement de 37,4 % à l'exportation et 42,0 % à l'importation (voir le graphique J). A cette date, l'Europe de l'Ouest était déficitaire comme la plupart des autres zones (cf. le découpage géographique dans l'annexe 2).

Douze ans après la fin de la seconde guerre mondiale, les effets économiques de celle-ci n'étaient sans doute pas totalement effacés. Les Etats-Unis étaient alors la seule zone significativement excédentaire, leurs exportations et importations s'élevant respectivement à 18,6 % et 11,1 % du total mondial. A la même époque, le Japon était en situation déficitaire ; représentant moins de 3 % du commerce mondial (moyenne des exportations et des importations), il faisait figure de petit pays par rapport aux grandes zones de l'époque, comme l'Amérique latine et l'ensemble CANZAS (Canada, Australie, Nouvelle-Zélande, Afrique du Sud), dont les poids moyens étaient respectivement de l'ordre de 9 % et de 8 %.

B. Importations

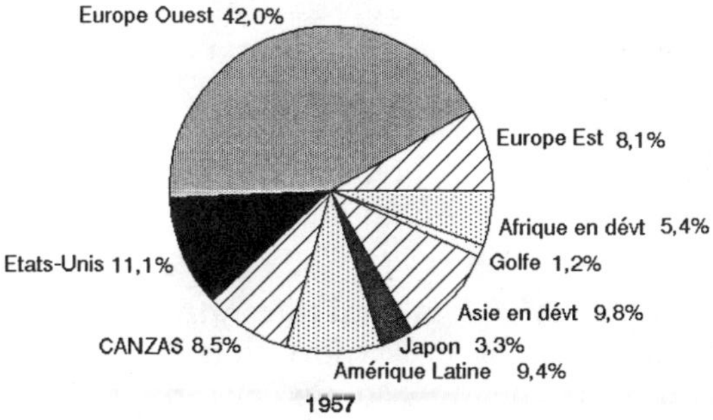

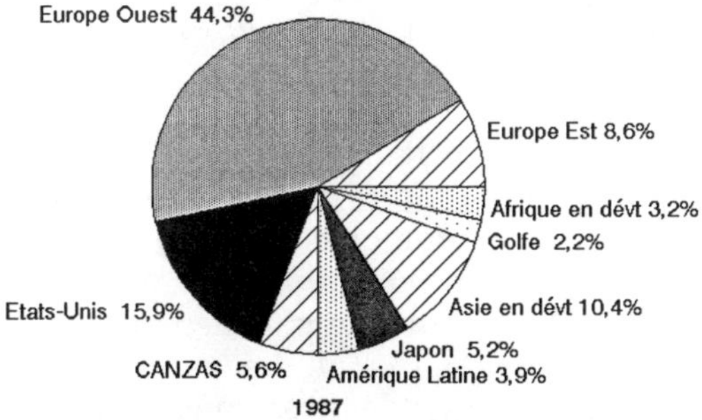

Source : Nations Unies, Statistiques du commerce international
CEPII, base CHELEM-Commerce international

Trente ans après, en 1987, la place des mêmes zones dans le commerce mondial est radicalement modifiée. A première vue, ces changements ont été favorables à l'Europe de l'Ouest, dont les exportations s'élèvent à 45,4 % du commerce mondial et les importations à 44,3 %. Ainsi, non seulement son poids moyen a sensiblement augmenté, mais son solde déficitaire de 1957 s'est transformé en un excédent commercial. Elle compte six des dix premiers exportateurs mondiaux : l'Allemagne fédérale, avec 11,6 % du total des exportations en 1987, arrive en tête, après avoir dépassé temporairement les Etats-Unis (9,7 %) ; la France (5,7 %) figure au quatrième rang des exportateurs derrière l'économie américaine et le Japon (9,1 %) ; elle précède le Royaume-Uni (5,2 %), puis l'Italie (4,6 %) ; après l'Union Soviétique, on trouve les Pays-Bas à égalité avec le Canada (3,7 %), puis l'ensemble Belgique-Luxembourg (3,2 %).

Face à la montée du Japon et de l'Asie en développement, la zone CANZAS, l'Amérique latine et l'Afrique apparaissent comme les grandes perdantes de l'évolution du commerce mondial au cours de ces trente années. Elles ont en effet subi une baisse très importante de leur poids moyen dans les échanges mondiaux : l'ensemble CANZAS en a perdu plus d'un tiers entre 1957 et 1987 ; l'Afrique plus de deux cinquièmes ; tandis que le poids moyen de l'Amérique latine, en 1987, n'arrive même pas à atteindre la moitié de celui d'il y a trente ans.

Le recul des Etats-Unis est d'une autre nature, car la baisse de moitié de leur part à l'exportation (9,7 % contre 18,6 %) s'accompagne d'une hausse de leur part à l'importation (15,9 % contre 11,1 %). A côté d'un certain déclin structurel, on trouve ici le reflet d'un puissant effet conjoncturel, lié aux politiques économiques menées dans la dernière décennie. Malgré une perte relative, les Etats-Unis conservent un poids considérable dans les échanges internationaux, mais au lieu de leur excédent spectaculaire de 1957, ils subissent, en 1987, le plus gros déficit du commerce mondial (– 6,2 %). Ce déficit américain est compensé pour plus de la moitié par l'excédent japonais (+ 3,9 %), et pour une part nettement plus faible par un excédent européen global. La zone ouest-européenne recouvre toutefois des soldes très contrastés (cf. Chapitre II, Section 3), parmi lesquels l'excédent allemand (+ 3,2 %) est presqu'aussi important que celui du Japon.

Les résultats présentés dans le graphique J découlent de la sommation des flux des nations déclarantes qui composent chaque zone. Pour une zone multinationale telle que l'Europe Occidentale, on englobe par conséquent les échanges mutuels qui sont opérés entre les nations à l'intérieur de celle-ci, alors que pour les Etats-Unis et le Japon, le commerce intrazone n'est pas comptabilisé. Afin d'effectuer une comparaison plus significative, il est donc nécessaire d'éliminer de tels flux.

Le graphique K offre une autre image du commerce international, en classant séparément tous les flux d'échanges intrazone. Lorsque l'on prend ainsi l'ensemble de l'Europe occidentale comme un bloc, en ne retenant que ses échanges avec le reste du monde, son poids dans le commerce mondial a tendance à diminuer avec le temps, et son rôle est beaucoup plus modeste que précédemment. Certes, elle demeure la première zone exportatrice, mais ses exportations vers le reste du monde ne représentent que 13,0 % du commerce mondial en 1987. Un tel chiffre est inférieur à celui de 1957 (17,0 %), et son ordre de grandeur devient comparable à ceux du Japon et des Etats-Unis (proches de 10 %). La diminution du poids de l'Europe occidentale est encore plus marquée du côté des importations, si l'on ne retient que celles en provenance du reste du monde : leur part baisse de 21,6 % à 11,9 % entre 1957 et 1987, de sorte qu'elle est dépassée par celle des Etats-Unis depuis 1983.

Les graphiques J et K reflètent deux images différentes de l'Europe occidentale. Choisir l'image la plus exacte est une tâche difficile, car il s'agit de savoir si les échanges intra-européens doivent être qualifiés d'"inter-nationaux" ou d'"inter-régionaux". Dans ce dernier cas, ils s'apparenteraient aux échanges qui s'opèrent à l'intérieur d'une grande nation comme les Etats-Unis.

Entre les pays de la Communauté européenne, on peut observer (A. Jacquemin & A. Sapir, 1987) que le commerce "occupe une position mixte entre des échanges purement internationaux et des échanges domestiques. Il est, d'une part, soumis à des influences économiques très différentes de celles qui affectent les échanges extra-communautaires : la complémentarité et les avantages comparatifs des industries dans les différents Etats membres ne semblent pas être les mêmes que ceux observés au niveau international, par suite des politiques d'intégration conduisant à une plus grande mobilité des facteurs de production et à des comportements coopératifs propres à une Communauté. Mais d'autre part, on ne peut pas encore parler d'une économie européenne unique, comme dans le cas des Etats-Unis".

Plus généralement, l'Europe occidentale offre deux visages différents : le premier paraît favorable, lorsque l'on prend en compte le commerce intra-européen, le second est plus préoccupant lorsqu'on exclut celui-ci, surtout si l'on procède à une décomposition sectorielle du commerce. Pour la Communauté européenne, comme pour l'ensemble des pays ouest-européens qui lui sont liés, la croissance de la part des échanges intrazone dans le commerce mondial ne peut donc pas être interprétée seulement comme le signe positif d'une intégration économique. Elle s'accompagne, en effet, d'une réduction relative des échanges avec le reste du monde et d'un

Graphique K :
Une autre image du commerce international, en excluant les échanges intra-zone (en % du commerce mondial)

A. Exportations

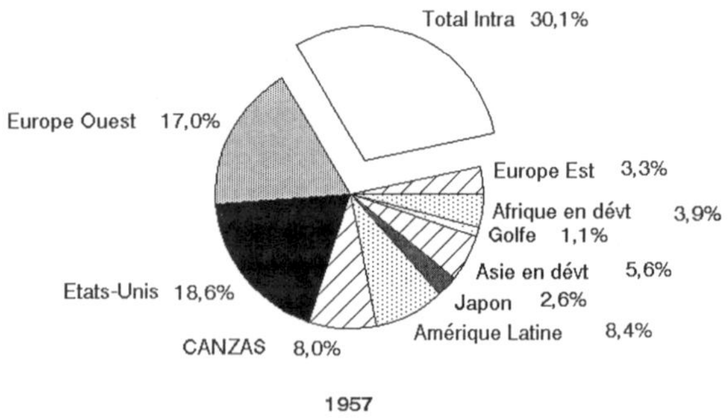

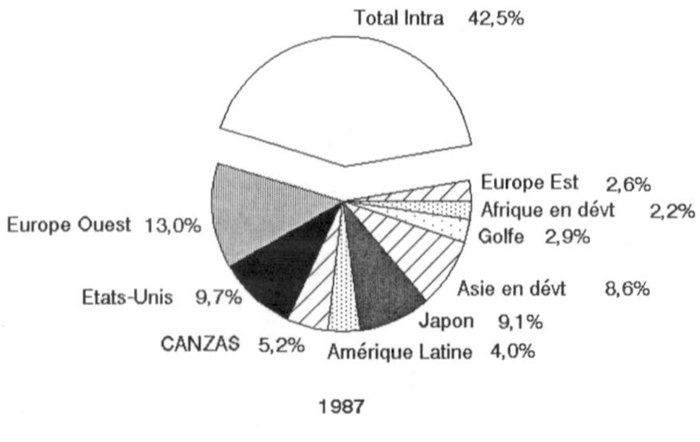

recul sur les industries de pointe. Dans le domaine des produits manufacturés, les exportations européennes connaissent, depuis le milieu des années 70, un déclin très net dans le commerce mondial pour des secteurs clés comme celui de l'électronique.

Le monde d'aujourd'hui est dominé par la remise en cause permanente des avantages acquis, sous la pression du Japon et des vagues successives de "nouveaux pays industriels d'Asie" (cf. G. Lafay, C. Herzog, L. Stemitsiotis & D. Unal, 1989). Les comportements les plus dynamiques ne peuvent résulter que de la confrontation des systèmes productifs à l'échelle mondiale : le commerce entre les pays de niveaux de développement différents les incite à renouveler leurs avantages comparatifs en adoptant des stratégies offensives de spécialisation.

B. Importations

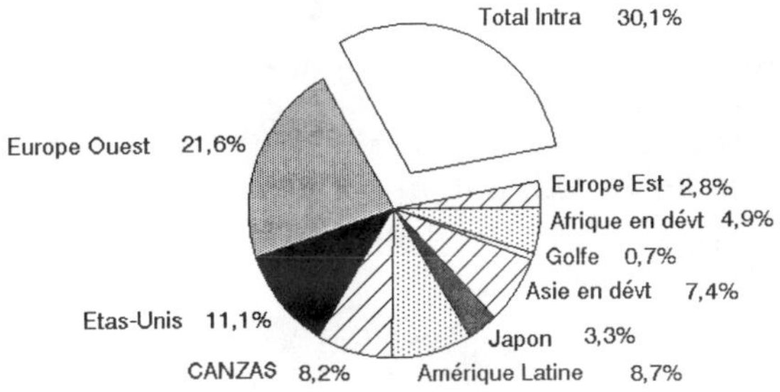

1957

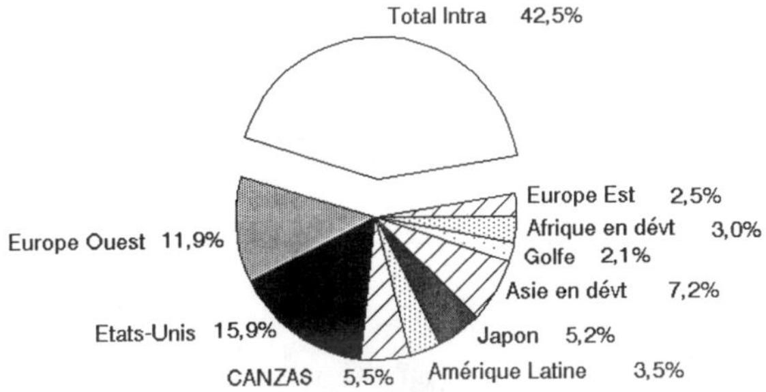

1987

Source : Nations Unies, Statistiques du commerce international
CEPII, base CHELEM-Commerce international

Le commerce intra-européen s'est développé surtout en raison de la proximité géographique et économique entre les pays européens, ou par le soutien des politiques discriminatoires vis-à-vis du reste du monde (exemple de la politique agricole commune). Jusqu'à présent, l'Europe occidentale a semblé préférer le commerce tranquille du Marché Commun à la compétition commerciale sur le marché mondial. Or cette concurrence paisible à l'intérieur de la zone a affaibli sa capacité de réaction et compromis son insertion dans l'économie mondiale. Lorsque les échanges intra-branche vont jusqu'au stade de flux croisés et équilibrés de produits similaires, au lieu de correspondre à une spécialisation efficace à un niveau plus fin, ils apparaissent comme un luxe de pays nantis.

L'idée d'une "Europe forteresse", qui se replierait sur elle-même, va ainsi à l'encontre d'une intégration réelle entre les pays européens. Pour relever le défi des formes nouvelles et brutales de concurrence, la Communauté européenne doit trouver un nouveau souffle grâce à un effort accru de rationalisation, de recherche et développement, d'investissement en capital humain. Les échanges intra-communautaires renforceront alors la position globale de la CEE dans la mesure où ils refléteront une spécialisation fine, et donc reposeront sur un partage des tâches entre les nations à l'intérieur de la zone.

B. U.
SAVOIE

Chapitre II

Les positions nationales à l'intérieur de la Communauté

Section 1. Les rôles respectifs des spécialisations nationales

L'insertion de la Communauté Economique Européenne dans l'ensemble de l'économie mondiale dépend de la configuration globale de ses avantages comparatifs qui, elle-même, découle des spécialisations des pays membres. Pour mesurer ce phénomène, on utilisera l'indicateur retenu dans les travaux les plus récents du CEPII [1]. Pour chaque économie, cet indicateur est rapporté au Produit Intérieur Brut ; il permet de classer les produits ou groupes de produits à partir du solde correspondant (exportations moins importations), en éliminant les effets de divers types de distorsions. On se situera ici au niveau de onze grandes branches (classées dans une optique de filière) et, pour éviter toute rupture de série, on gardera sur toute la période 1967-1987 la composition actuelle de la CEE (Douze pays membres).

Pour l'ensemble de la Communauté, les avantages ou désavantages comparatifs sont représentés sur le graphique L, en millièmes du PIB. Aux points forts (avantages comparatifs) correspondent des chiffres positifs, aux points faibles

1. Voir la méthodologie dans G. Lafay, C. Herzog, L. Stemitsiotis et D. Unal, 1989, annexe II, pp 390-391, ainsi que dans G. Lafay, 1990.

(désavantages comparatifs) des chiffres négatifs. Peu de changements sont apparus au cours de la période observée.

Graphique L :
Avantages comparatifs de la CEE classés par filière

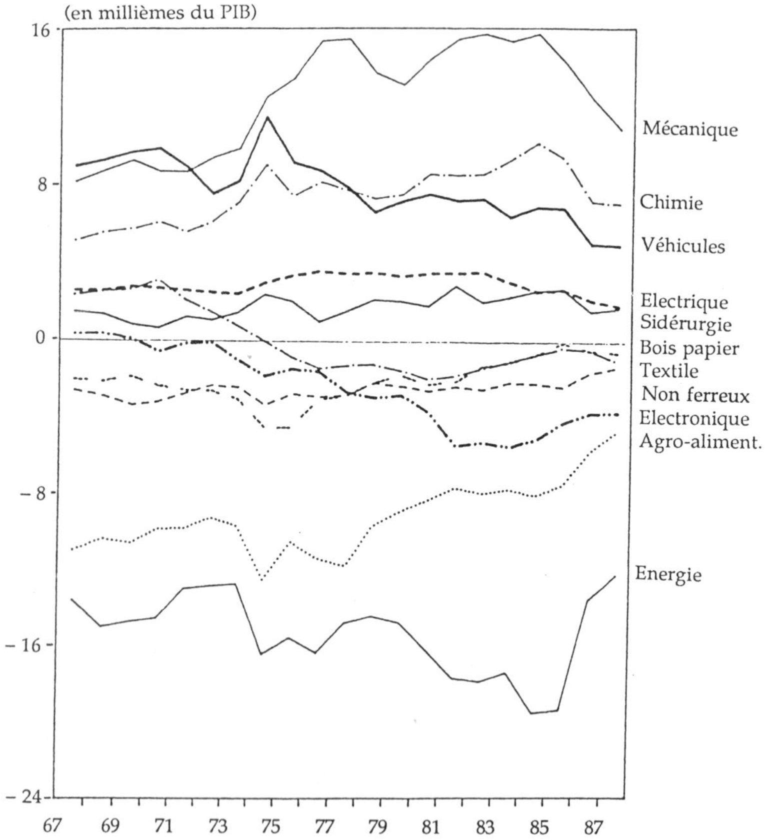

Source : CEPII, bases CHELEM-Commerce international et PIB.

Les trois principaux avantages comparatifs demeurent concentrés dans les mêmes branches, avec toutefois une modification dans leur classement. C'est ainsi que les véhicules automobiles, qui figuraient au premier rang à la fin des années soixante, ont subi la pression japonaise qui les a fait rétrograder au troisième rang : ils sont désormais dépassés par la mécanique et la chimie, qui ont progressé dans les années soixante-dix avant de subir un léger fléchissement dans les dernières années. Symétriquement, le principal désavantage comparatif sur toute la période demeure celui de l'énergie, en dépit d'une amélioration récente.

Cette relative inertie, qui caractérise globalement l'ensemble des pays de la Communauté, est confirmée pour quatre autres branches dont les positions sont moins marquées. L'avantage comparatif, qui se maintient pour le matériel électrique, tend à s'accentuer pour la sidérurgie ; on trouve ici le reflet de l'aide financière qui a été apportée par les pouvoirs publics à cette branche en difficulté, caractérisée par une baisse de la demande mondiale et des excédents de capacité. Les métaux non-ferreux et l'ensemble bois-papier-divers restent, quant à eux, en situation de désavantage comparatif.

Seules trois branches connaissent des mouvements plus importants. Pour l'agro-alimentaire, la Politique Agricole Commune (PAC) provoque un amenuisement continu du désavantage comparatif ; l'objectif de réduction de la dépendance alimentaire, fixé initialement, a été très largement atteint, mais les distorsions de prix entre les produits et entre les pays ont entraîné un coût élevé qui pèse désormais sur le budget communautaire (cf. Chapitre IV, Section 3). En revanche, l'évolution des deux dernières branches – qui passent de l'avantage au désavantage – est plus subie que voulue : en dépit des mesures nationales de protection, le textile et l'électronique ont cédé du terrain sous la pression asiatique. Programmé dans le cadre de l'Accord multifibres, le recul global sur le textile est logique puisqu'une main-d'œuvre abondante et peu qualifiée caractérise de nombreux maillons de cette filière ; le recul sur l'électronique symbolise, au contraire, le déclin de la CEE sur la filière-clé de la troisième révolution industrielle.

Dans cette spécialisation globale de la Communauté, les pays membres jouent des rôles très différents, qui dépendent de trois paramètres :

– le poids relatif de leur Produit Intérieur Brut ;
– l'amplitude relative de leur spécialisation ;
– la nature de leurs avantages et désavantages.

On n'insistera pas ici sur les poids relatifs des PIB, dans lesquels les quatre grands pays (Allemagne fédérale, France,

Italie et Royaume-Uni) représentent à eux seuls près de 80 % du total communautaire. Le tableau 1 fournit, pour l'année 1987, des informations sur l'amplitude et la nature de la spécialisation de chacune des nations de la CEE. Dans chaque cas sont présentés les trois principaux avantages et les trois principaux désavantages comparatifs, exprimés en millièmes du Produit Intérieur Brut du pays (la Belgique et le Luxembourg étant regroupés dans l'UEBL).

Les nations peuvent être classées en trois groupes suivant l'amplitude relative de leur spécialisation. Les spécialisations les plus réduites sont observées en France, au Royaume-Uni et en Espagne, où le premier poste est de l'ordre de 10 à 15 en valeur absolue (soit positif pour le premier avantage comparatif, soit négatif pour le premier désavantage). On trouve ici deux des "grands" pays, ainsi que l'Espagne qui est le premier des "petits", mais leur similitude apparente résulte d'évolutions contradictoires : au cours des vingt dernières années, l'éventail s'est élargi pour l'Espagne, naguère très autarcique ; il s'est rétréci pour le Royaume-Uni, en pleine phase de restructuration ; il est resté constant pour la France.

Des spécialisations d'amplitude moyenne apparaissent lorsque le premier poste est de l'ordre de 20 à 30. Elles s'observent aussi bien pour les pays de taille relativement petite (Belgique et Luxembourg, Pays-Bas) que pour les deux autres grands pays de la CEE (l'Allemagne fédérale et l'Italie). Si la taille d'un pays contribue à expliquer l'amplitude de sa spécialisation, on voit ainsi qu'elle n'est pas le seul facteur explicatif : le comportement de ses entreprises joue également un rôle important.

Enfin, les spécialisations les plus accentuées concernent les pays dont la taille est la plus faible. Du côté des désavantages comparatifs, l'ordre de grandeur du premier poste demeure le même que précédemment, mais la situation est plus contrastée du côté des avantages : le premier poste dépasse 40 pour la Grèce, 50 pour le Danemark, 70 pour l'Irlande et 100 pour le Portugal.

Selon les pays, la nature de la spécialisation est proche ou éloignée de celle de l'ensemble de la Communauté. Le rôle central de l'Allemagne fédérale apparaît par le fait qu'elle imprime sa marque à la spécialisation communautaire : ses trois principaux avantages comparatifs (mécanique, véhicules, chimie) coïncident avec ceux de la CEE prise comme un bloc, et il en est presque de même de ses trois principaux désavan-

Tableau 1 :
Principaux avantages et désavantages par filière en 1987

(en millièmes du PIB)	Avantages		Désavantages	
France	agro-alimentaire	8,4	énergie	– 13,6
	chimie	7,8	bois-papier-div.	– 4,3
	véhicules	4,8	textile	– 4,0
Royaume-Uni	mécanique	11,0	agro-alimentaire	– 10,1
	énergie	9,2	véhicules	– 7,6
	chimie	8,7	textile	– 6,6
Espagne	agro-alimentaire	9,4	énergie	– 15,4
	textile	7,4	électronique	– 10,5
	véh. & chimie	3,3	mécanique	– 4,5
Italie	textile	20,9	énergie	– 17,9
	mécanique	16,8	agro-alimentaire	– 17,3
	bois-papier-div.	6,3	électronique	– 6,0
RFA	mécanique	25,1	agro-alimentaire	– 18,8
	véhicules	22,9	énergie	– 17,6
	chimie	8,2	textile	– 14,6
UEBL*	sidérurgie	22,7	énergie	– 25,6
	véhicules	8,1	mécanique	– 19,4
	chimie	6,3	agro-alimentaire	– 13,3
Pays-Bas*	agro-alimentaire	38,4	véhicules	– 18,2
	chimie	28,9	textile	– 14,1
	énergie	2,4	électronique	– 9,9
Grèce	textile	42,4	mécanique	– 23,5
	agro-alimentaire	21,7	véhicules	– 13,7
	non ferreux	7,3	énergie	– 12,2
Danemark	agro-alimentaire	50,4	véhicules	– 14,0
	bois-papier-div.	1,1	énergie	– 12,4
	mécanique	1,0	textile	– 6,1
Irlande	agro-alimentaire	77,0	énergie	– 34,3
	électronique	58,0	mécanique	– 34,0
	chimie	4,1	véhicules	– 22,4
Portugal	textile	104,9	véhicules	– 30,0
	bois-papier-div.	33,1	mécanique	– 28,8
			énergie	– 28,3

(*) La filière mécanique a été calculée "hors divers" pour l'UEBL et les Pays-Bas.

Source : CEPII, bases CHELEM Commerce international et PIB.

tages (agro-alimentaire, énergie, textile). Au poids élevé de son PIB s'ajoute en effet le caractère typé de sa spécialisation.

Les autres grands pays européens ne sont pas placés dans la même situation. Pour la France et le Royaume-Uni, leurs points forts ne coïncident avec ceux de la Communauté que dans les deux tiers des cas. Moins typée que celle de l'Allemagne fédérale, leur spécialisation a en effet une influence plus réduite sur la position globale de la CEE, tandis que l'un de leurs principaux avantages comparatifs est dû aux ressources naturelles (l'agro-alimentaire pour la France, l'énergie pour le Royaume-Uni depuis l'exploitation du pétrole de la Mer du Nord). Du côté des points faibles, le Royaume Uni se situe à contre-courant par son net désavantage comparatif sur les véhicules automobiles, dont la position s'est complètement inversée au cours des deux dernières décennies.

En ce qui concerne l'Italie, dont la spécialisation est presqu'aussi typée que celle de l'Allemagne fédérale, l'explication est différente : elle tient à la souplesse de son organisation industrielle, combinant de grands groupes et une importante économie informelle. Cette souplesse lui permet d'acquérir des positions originales, soit sur le plan mondial (exemple des meubles dans l'ensemble bois-papier-divers), soit sur le plan européen (cas du textile, grâce aux effets de mode et à l'Accord multifibre qui protège les marchés européens de la concurrence asiatique). En même temps, l'Italie est également en mesure de renforcer sa position sur la mécanique, c'est-à-dire de concurrencer l'Allemagne sur la filière où elle est la plus forte.

Les huit autres pays de la Communauté subissent le plus souvent l'empreinte de la spécialisation allemande, vis-à-vis de laquelle ils se placent dans une relation de complémentarité. La mécanique figure parmi leurs principaux désavantages comparatifs (sauf pour le Danemark), et il en est de même pour les véhicules (à l'exception de l'Espagne et de la Belgique qui ont reçu des implantations étrangères). Parmi les points forts de la Communauté, la chimie est ainsi la seule filière qui s'appuie sur des avantages comparatifs de la majorité des membres.

Sauf pour l'UEBL, les autres avantages comparatifs de ces huit pays sont contraires à la position globale de la CEE. Suivant les cas, ils portent ainsi sur l'agro-alimentaire, le textile, les bois-papier-divers, les métaux non-ferreux, parfois même sur l'énergie (gaz naturel aux Pays-Bas) ou l'électronique (implantations étrangères en Irlande). Pour l'avenir, certaines de ces spécialisations paraissent fragiles lorsqu'elles s'appuient sur la protection communautaire vis-à-vis du reste du monde.

Section 2. Les relations bilatérales les plus intenses

La spécialisation de chaque nation reflète l'orientation sectorielle de ses échanges. L'orientation géographique, c'est-à-dire le choix des principaux partenaires, est un autre aspect de son insertion à l'intérieur de la Communauté, qui a été décrit précédemment (Chapitre I, Section 2). La combinaison de ces deux aspects permet de mettre en relief la structuration de l'espace économique européen.

Comme indicateur, on utilisera ici le trirapport d'intensité relative [1]. Celui-ci compare le flux bilatéral observé (exportations d'un pays vers son partenaire dans une branche) à un flux "neutre", dont la part dans l'ensemble du commerce mondial résulterait de la multiplication des parts respectives :

– des exportations totales du pays d'origine (tous produits confondus) ;

– des importations totales du pays de destination (tous produits confondus) ;

– du commerce mondial de la branche (tous pays confondus).

On se limitera aux relations bilatérales des deux pôles de la CEE, la France et l'Allemagne fédérale, dans leur commerce mutuel comme dans leurs échanges avec les autres pays de l'Europe de l'Ouest. Dans les tableaux 2, 3 et 4 ne figurent que les trois principales branches, pour les flux bilatéraux dont l'intensité est supérieure de 50 % à la moyenne (indicateur supérieur à 1,5 pour le total des produits).

Si les flux d'échanges entre la France et l'Allemagne sont les plus importants dans le commerce intra-européen, ceci est dû essentiellement aux poids relatifs des deux partenaires. Pour l'ensemble des produits, en 1987, l'intensité relative des échanges n'est que de l'ordre de 1,5 dans chaque sens. Des

1. Voir la méthodologie dans G. Lafay, C. Herzog, L. Stemitsiotis et D. Unal, 1989, annexe II, pp. 393 à 395. L'intensité relative est ici corrigée afin d'éviter l'effet perturbateur qui est dû à la diagonale de la matrice du commerce international.

intensités plus élevées sont cependant observées pour certains produits industriels (tableau 2).

La chimie, qui figure dans chaque sens parmi les flux les plus intenses, représente l'un des principaux points forts, tant pour la CEE que pour chacun des deux pays. En l'occurrence, l'avantage comparatif global de la Communauté va de pair avec de forts échanges intra-branche, qui manifestent une spécialisation à un niveau plus fin et donc un partage efficace des tâches. Les autres flux les plus intenses reflètent, au contraire, les postes où chaque partenaire exprime respectivement sa supériorité. Du côté des exportations françaises figurent ainsi la sidérurgie, où l'avantage comparatif allemand est relativement faible, ainsi que l'agro-alimentaire où la RFA reste défavorisée. Du côté des exportations allemandes, on trouve la mécanique et le matériel électrique, où la France n'a que de modestes avantages comparatifs.

Tableau 2 :
Intensité relative des échanges entre la France et l'Allemagne fédérale en 1987

France vers RFA		RFA vers France	
Chimie	2,7	Electrique	2,4
Sidérurgie	2,3	Chimie	2,3
Agro-alimentaire	2,3	Mécanique	2,1
Tous produits	1,6	Tous produits	1,5

Source : CEPII, base CHELEM Commerce international.

L'économie française, quant à elle, a des échanges particulièrement intenses avec les pays francophones d'Afrique (voir G. Lafay, C. Herzog, L. Stemitsiotis et D. Unal, op. cit.). En Europe, à côté du commerce franco-allemand, elle n'a d'échanges très intenses qu'avec cinq pays de la CEE, qui sont ses voisins les plus proches géographiquement et culturellement : la Belgique et le Luxembourg, l'Italie, l'Espagne et le Portugal (tableau 3).

La nature de ces échanges est fortement axée sur l'intra-branche puisque, dans la moitié des cas, on trouve des intensités élevées dans les deux sens sur le même poste. Tantôt il s'agit d'une spécialisation fine entre les entreprises (la sidérurgie figure ainsi avec l'UEBL et l'Espagne, l'agro-

Tableau 3 :
Intensité relative des échanges de la France avec ses autres partenaires de l'Europe occidentale en 1987

Partenaire	à l'exportation		à l'importation	
UEBL	agro-alimentaire	4,5	sidérurgie	7,4
	sidérurgie	4,0	non ferreux	4,0
	chimie	3,6	agro-alimentaire	3,5
	tous produits	2,4	tous produits	2,7
Italie	agro-alimentaire	5,1	textile	6,2
	sidérurgie	3,9	électrique	3,2
	chimie	3,2	mécanique	3,2
	tous produits	2,4	tous produits	2,3
Espagne	véhicules	5,1	véhicules	7,7
	sidérurgie	3,6	agro-alimentaire	3,9
	chimie	3,0	sidérurgie	3,7
	tous produits	2,2	tous produits	2,8
Portugal	véhicules	5,1	textile	13,4
	textiles	2,8	bois-papier-div.	4,3
	chimie	2,3	véhicules	2,4
	tous produits	1,9	tous produits	2,4

Source : CEPII, base CHELEM Commerce international.

alimentaire avec l'UEBL, le textile avec le Portugal dont le flux est cependant prédominant) ; tantôt on observe l'effet de la délocalisation des entreprises françaises (cas de la filière des véhicules automobiles avec l'Espagne et le Portugal).

Dans les autres relations de la France avec ses partenaires, les flux sont plus dissymétriques au niveau des branches. Tel est le cas pour les flux les plus intenses avec l'Italie, où la France affirme sa supériorité dans l'agro-alimentaire, la sidérurgie et la chimie ; inversement, elle subit la suprématie italienne, non seulement dans le textile, mais aussi dans le matériel électrique et la mécanique où son avantage comparatif est plus réduit. Logiquement, vis-à-vis des autres partenaires, l'économie française impose sa supériorité dans la chimie, cependant qu'elle est dominée par l'UEBL dans les métaux non-ferreux et par le Portugal dans les bois-papier-divers. Plus surprenante est la domination subie, par rapport à l'Espagne, dans l'agro-alimentaire.

Les relations de l'Allemagne fédérale avec ses autres partenaires d'Europe occidentale (tableau 4) se distinguent de celles de la France par deux traits :

– les relations bilatérales de forte intensité sont plus nombreuses, exprimant le fait que la RFA est au cœur des échanges intra-européens ;

– les flux les plus intenses sont ceux avec deux pays limitrophes, l'Autriche et la Suisse, dont la culture est totalement ou partiellement germanique, mais qui n'appartiennent pas à la CEE.

Pour les relations bilatérales les plus intenses avec ses partenaires, la RFA opère de forts échanges intra-branche dans la moitié des cas. Ce phénomène s'observe même pour certains de ses principaux avantages comparatifs : dans la chimie (avec les Pays-Bas, l'UEBL, la Suisse et l'Italie) et dans le matériel électrique (avec l'Autriche, la Suisse et l'Italie) ; il est moins net dans les véhicules (seulement avec l'UEBL) ou dans la mécanique (seulement avec le Danemark). Mais des flux intenses dans les deux sens apparaissent aussi pour des désavantages de l'Allemagne : dans les bois-papier-divers avec l'Autriche, dans l'agro-alimentaire et le textile avec la Grèce (qui est toutefois en position dominante sur ces deux filières).

Lorsque les relations sont plus nettement dissymétriques, l'Allemagne fédérale impose généralement sa spécialisation. L'exception la plus notable concerne la Suisse, dont elle subit la domination dans la mécanique, et à laquelle elle exporte du bois-papier-divers. Dans les autres cas, les flux les plus intenses à l'exportation portent sur ses propres avantages comparatifs (mécanique, chimie, matériel électrique, véhicules) ; à l'importation, ils concernent ses désavantages comparatifs (agro-alimentaire, textile, bois-papier-divers, énergie, métaux non-ferreux). La sidérurgie, dont l'avantage comparatif est très faible en RFA, figure tantôt à l'exportation (vers les Pays-Bas) et tantôt à l'importation (en provenance d'Autriche ou des pays scandinaves non CEE).

Tableau 4 :
Intensité relative des échanges de la RFA avec ses autres partenaires de l'Europe occidentale en 1987

Partenaire	à l'exportation		à l'importation	
Autriche	électrique	5,5	électrique	6,8
	mécanique	5,0	sidérurgie	5,9
	bois-papier-divers	4,8	bois-papier-divers	3,5
	tous produits	3,5	tous produits	3,4
Suisse	électrique	4,4	électrique	5,1
	bois-papier-divers	4,3	mécanique	4,2
	chimie	3,7	chimie	3,3
	tous produits	2,6	tous produits	2,1
Pays-Bas	chimie	3,1	agro-alimentaire	5,7
	sidérurgie	2,8	énergie	4,8
	électrique	2,7	chimie	4,2
	tous produits	2,0	tous produits	2,6
UEBL	véhicules	4,6	sidérurgie	4,8
	chimie	2,6	véhicules	4,3
	sidérurgie	2,2	chimie	2,9
	tous produits	1,9	tous produits	1,9
Grèce	textile	6,2	textile	23,5
	agro-alimentaire	2,4	agro-alimentaire	4,4
	chimie	1,9	non ferreux	2,1
	tous produits	1,8	tous produits	2,6
Danemark	électrique	3,2	agro-alimentaire	5,1
	chimie	2,8	bois-papier-divers	2,5
	mécanique	2,7	mécanique	1,7
	tous produits	1,8	tous produits	1,6
Autres pays scandinaves	électrique	4,3	bois-papier-divers	4,8
	mécanique	3,4	non ferreux	4,5
	véhicules	3,2	sidérurgie	3,8
	tous produits	1,9	tous produits	1,5
Italie	chimie	2,6	textile	6,6
	véhicules	2,5	électrique	2,1
	électrique	2,3	chimie	2,0
	tous produits	1,6	tous produits	1,7

Source : CEPII, base CHELEM Commerce international.

Section 3. La polarisation des soldes extérieurs

Apparente dans la structure des échanges, la position dominante de l'Allemagne fédérale au sein de la Communauté européenne apparaît encore plus nettement lorsque l'on observe les soldes extérieurs. Pour le commerce de marchandises, les soldes (exportations moins importations) figurent dans les graphiques M, sur la période 1967-1987, isolément pour chacun des quatre "grands" et groupés pour les huit autres pays de la CEE. La position globale vis-à-vis du monde est exprimée en pourcentage du commerce mondial (graphique MA) ; elle se décompose en deux parties selon que l'on considère les soldes des échanges avec les pays d'Europe occidentale (graphique MB) ou les soldes obtenus en dehors de cette zone (graphique MC).

L'Allemagne fédérale est la seule nation de la Communauté à avoir eu une balance commerciale constamment excédentaire, tant globalement que vis-à-vis de chaque sous-ensemble. Son excédent global a été le plus souvent supérieur à 2 % du commerce mondial et, après une chute consécutive au second choc pétrolier, il s'est redressé vigoureusement en fin de période pour atteindre 3,2 %. La majeure partie de cet excédent a cependant été obtenue sur l'Europe occidentale, où il a atteint 2,3 % en 1987. Sur le reste du monde, le solde allemand est resté plus faible et il a même été négatif en 1980 ; en fin de période, l'excédent n'atteint ici que 0,9 %. Cette observation corrobore l'analyse précédente du CEPII (La fin des avantages acquis, 1989) montrant que la RFA obtient ses meilleurs résultats à l'exportation sur les marchés ouest-européens, tandis qu'elle perd du terrain sur les autres marchés.

Globalement, le solde commercial de chacun des trois autres "grands" pays de la CEE a le plus souvent été déficitaire (graphique MA). La France n'a fait exception à cette règle que timidement au début des années soixante-dix, l'Italie en 1978 et 1986, le Royaume-Uni de façon plus marquée après le second choc pétrolier au début des années quatre-vingt. Quant aux huit autres pays, leur solde est resté constamment négatif mais a tendu à s'améliorer. Ces évolutions sont cependant différentes selon que l'on considère la situation en Europe ou hors d'Europe.

Sur l'Europe occidentale (graphique MB), où s'exerce principalement une concurrence très ouverte entre les

Graphique M :

Soldes commerciaux des pays de la CEE (en % du commerce mondial)

A. Sur le monde

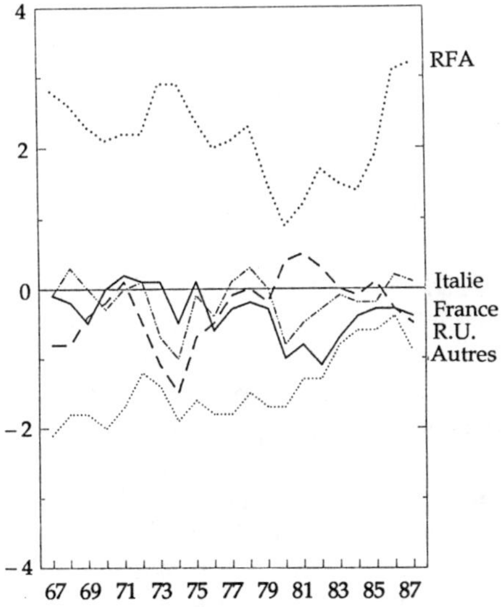

B. En Europe occidentale

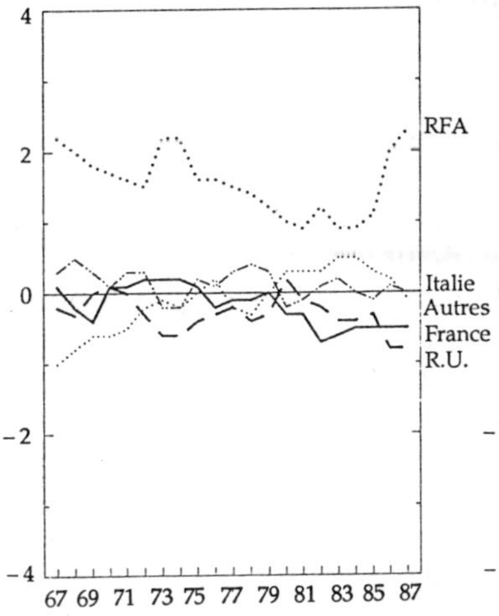

C. Hors d'Europe occidentale

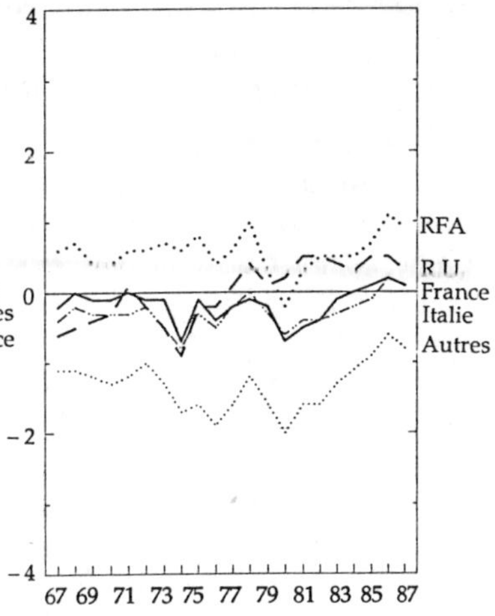

Source : CEPII, base CHELEM-Commerce international

industries implantées sur les territoires nationaux, les soldes commerciaux de tous ces pays ont généralement été de faible ampleur. On observe néanmoins des évolutions divergentes selon les cas. La France comme le Royaume-Uni ont subi une dégradation tendancielle, de sorte que leur solde est devenu systématiquement déficitaire dans les années quatre-vingt. Et tandis que le solde italien a fluctué autour de l'équilibre, celui du groupe des huit autres pays de la CEE a progressé d'un point et demi jusqu'en 1984, grâce en particulier aux gains des Pays-Bas et de l'Espagne. Cette amélioration s'est faite ainsi au détriment des grands pays de la Communauté, avant que l'Allemagne fédérale ne redresse sa situation au cours des dernières années.

Hors d'Europe occidentale (graphique MC), les évolutions sont très différentes : pour chaque pays de la CEE, le solde commercial dépend, à la fois, de sa dépendance énergétique, de sa tradition d'exportation vers les pays du Sud et de son degré de protection à l'importation. La France et l'Italie ont connu des évolutions assez proches, car elles ont subi toutes deux une dégradation à la suite de chacun des chocs pétroliers, puis redressé leur position en s'appuyant, notamment, sur une relative fermeture de leur marché intérieur. Devenu un pays pétrolier, le Royaume-Uni a au contraire bénéficié de la hausse de prix du pétrole qui lui a permis d'acquérir un net excédent après le second choc, avant de subir négativement les conséquences du contre-choc de 1986. Quant aux huit autres pays, ils sont restés constamment déficitaires vis-à-vis du reste du monde, à l'exception du Danemark, et ils n'ont amélioré que récemment leur solde.

Pendant longtemps, la polarisation des soldes commerciaux au sein de la CEE n'a pas posé trop de problèmes du point de vue des balances de paiements. Contrairement à ses partenaires ouest-européens, l'Allemagne fédérale subissait en effet des déficits accentués sur les services et sur la plupart des autres opérations invisibles courantes. Ces déficits compensaient ainsi son large excédent commercial, de sorte que le solde courant allemand ne tranchait guère sur la moyenne communautaire. Lorsque l'on rapporte les soldes d'opérations courantes aux flux mondiaux correspondants (moyenne des crédits et débits courants), on observe par conséquent jusqu'au début des années quatre-vingt des fluctuations diverses selon les pays (graphique N).

Graphique N :
Soldes courants des pays de la CEE
(en % des opérations courantes mondiales)

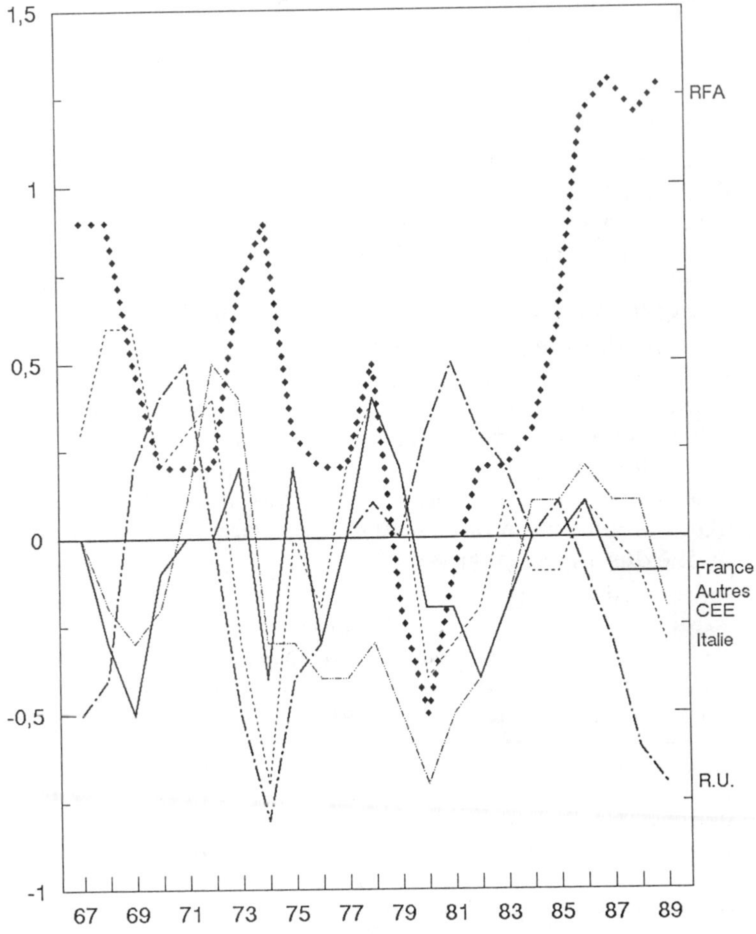

Source : CEPII, base CHELEM-Balance des paiements et estimation 1989 à partir des perspectives économiques de l'OCDE.

Chacun des chocs pétroliers a engendré un déficit des opérations courantes dans la plupart des Douze membres actuels de la Communauté européenne. En 1974, après le premier choc, le déficit courant a été particulièrement élevé au

Royaume-Uni et en Italie (respectivement – 0,8 % et – 0,7 % des flux mondiaux), mais la France et le groupe des huit petits pays ont également été très touchés ; seule l'Allemagne fédérale a bénéficié rapidement des achats des pays de l'OPEP, obtenant ainsi un excédent substantiel (+ 0,9 %). Après le second choc, la configuration a été différente : le déficit courant a été plus accentué dans les petits pays qu'en France et en Italie, cependant que les positions respectives du Royaume-Uni et de l'Allemagne fédérale ont été permutées.

Grâce à l'exploitation du pétrole de la Mer du Nord, le Royaume-Uni a acquis un excédent courant qui a culminé en 1981. Inversement, l'Allemagne fédérale a enregistré un déficit exceptionnel en 1980 (– 0,5 %), en raison de la conjonction d'un fort déficit budgétaire et du niveau élevé du deutsche Mark. Toutefois, les déficits les plus profonds sont alors apparus dans le groupe des petits pays qui, à l'exception du Benelux, ont subi une grave détérioration. Dans les échanges mondiaux, le poids de chacun d'entre eux est faible, mais l'ampleur relative des déficits courants apparaît lorsqu'on les rapporte aux PIB correspondants (tableau 5). La contrainte extérieure a ainsi conduit ces pays à un effort sévère d'ajustement, qui a pesé sur leur croissance dans la première moitié des années quatre-vingt.

Tableau 5 :
Soldes courants pour certains pays (en % du PIB)

	1967	1974	1981	1987
Danemark	– 0,4	– 3,1	– 3,1	– 3,0
Irlande	+ 0,5	– 9,9	– 14,2	+ 1,3
Espagne	– 1,5	– 3,6	– 2,7	0,0
Portugal	+ 2,5	– 6,2	– 10,5	+ 1,8
Grèce	– 3,3	– 6,1	– 6,5	– 2,6

Source : CEPII, bases CHELEM Balances des paiements et PIB.

La situation se modifie brutalement après le contre-choc pétrolier de 1986, et ce jusqu'à la fin des années quatre-vingt. Au niveau des soldes courants, l'écart se creuse de plus en plus entre la RFA et ses partenaires de la Communauté. En Allemagne fédérale, l'accroissement de l'excédent commercial est tel que celui-ci l'emporte désormais sur le déficit persistant des autres postes : depuis 1986, l'excédent courant allemand se maintient ainsi aux alentours de 1,3 % des opérations mondiales (selon les estimations de l'OCDE, il aurait atteint 61 milliards de dollars en 1989). Symétriquement, un déficit apparaît chez les autres membres de la CEE, à l'exception de ceux du Benelux (Belgique, Pays-Bas, Luxembourg). Si la dégradation du solde courant reste modérée en France, elle est plus sensible en Italie, et elle est particulièrement marquée au Royaume-Uni et dans certains pays tels que l'Espagne.

Section 4. Les diverses formes de disparités intérieures

A la fin des années quatre-vingt, la polarisation des soldes d'opérations courantes au sein de la CEE est d'autant plus préoccupante qu'elle s'accompagne du maintien ou de l'apparition de diverses formes de disparités intérieures. Face à la crise économique mondiale, on a observé une remarquable convergence des politiques économiques, mais les pays membres ont manifesté une inégale capacité d'adaptation et ont dû affronter des problèmes structurels différents.

Les principales évolutions macro-économiques des années quatre-vingt sont récapitulées dans le tableau 6. Tôt ou tard, chaque Etat a dû suivre le "modèle allemand" en orientant sa politique dans le sens de la rigueur monétaire et budgétaire, afin tout à la fois de lutter contre l'inflation et de restaurer la situation financière des entreprises. Ayant été appliquée précocement en Allemagne fédérale, cette politique de rigueur a permis d'y contenir l'inflation, mais au prix d'une croissance qui est demeurée très faible jusqu'en 1987 (1,4 % par an sur la base de 1980). Ce n'est qu'au cours des deux dernières années que la RFA a retrouvé une croissance soutenue (4 % en moyenne), lorsqu'à la tendance générale des pays industrialisés s'est ajouté l'effet propre à l'afflux d'immigrés d'origine allemande.

Pour la plupart des autres pays de la Communauté, le redressement s'est fait en deux étapes. Sur le front de l'inflation (colonnes a), la hausse des prix est le plus souvent restée élevée jusqu'en 1985, puis elle a reculé fortement depuis lors. L'indicateur utilisé ici (indice implicite de prix du PIB ou PNB) mesure l'inflation intrinsèque du pays et n'est donc pas influencé directement par le contre-choc pétrolier. Les résultats n'en sont que plus éloquents. De 1985 à 1989, par rapport au début des années quatre-vingt, l'inflation baisse de

Tableau 6 :
Quelques indicateurs macro-économiques (en %)

	Inflation (a)		Croissance (b)		Chômage (c)	
	85/80	89/85	87/80	89/87	1985	1989
RFA	3,2	2,3	1,4	4,0	7,2	5,6
France	9,2	3,7	1,7	3,4	10,3	10,1
Italie	14,1	6,4	1,9	3,6	9,5	10,8
Royaume-Uni	6,9	5,6	2,6	3,2	11,5	6,2
Belgique	5,7	2,7	1,0	4,4	11,8	9,4
Luxembourg	6,4	2,2	2,8	4,7	2,9	2,2
Pays-Bas	3,4	0,8	1,1	3,5	10,6	9,9
Danemark	7,6	4,8	2,2	0,5	7,5	7,4
Irlande	10,9	3,6	2,4	4,0	18,4	16,9
Espagne	11,4	7,5	2,2	4,9	21,9	16,9
Portugal	21,8	14,0	2,0	4,4	8,6	5,6
Grèce	20,4	15,3	1,1	3,2	8,8	8,5
CEE (*)	8,0	4,6	1,8	3,7	10,9	9,1

(a) Indice implicite de prix du PIB-PNB, taux de croissance annuel pour chaque période. Source : OCDE, Comptes nationaux 1960-1988 et Perspectives économiques de décembre 1989.
(b) Croissance du volume du PIB-PNB, taux de croissance annuel pour chaque période. Source : OCDE, Comptes nationaux 1960-1988 et Perspectives économiques de décembre 1989.
(c) Taux de chômage comparables pour la moyenne de l'année 85 et pour octobre 89 (88 pour la Grèce). Source : Bulletin mensuel Eurostat, décembre 1989.
(*) Pour (a) et (b), moyenne pondérée par les PIB à parité des pouvoirs d'achat.

trois à huit points selon les pays, le Royaume-Uni étant le seul à faire exception par une résurgence inflationniste dans les deux dernières années. Néanmoins, des écarts importants subsistent : en dépit des progrès accomplis, l'Italie et les trois nouveaux membres d'Europe du Sud gardent encore un rythme élevé de hausse de prix (le taux restant à deux chiffres pour le Portugal et la Grèce).

Sur le front de la croissance (colonnes b), le redressement est plus tardif et ne se manifeste qu'à partir de 1988. Jusqu'en

1987, en effet, la croissance des pays de la CEE était tirée vers le bas par la réduction des déficits publics et l'effet dépressif de la conjoncture allemande (la croissance moyenne de la Communauté n'est alors que de 1,8 % par an). Le redémarrage de la croissance se produit lorsqu'à l'assainissement financier des entreprises s'ajoute l'effet bénéfique du contre-choc pétrolier, dont l'incidence est inverse de celle des chocs des années soixante-dix. Selon les estimations de l'OCDE, le rythme de croissance s'élève d'environ deux points dans la plupart des pays, si l'on compare la moyenne des années 1988 et 1989 à la période précédente. En dehors du Danemark (en baisse marquée), la principale exception est celle du Royaume-Uni, dont la croissance était plus soutenue antérieurement, et où le contre-choc exerce un effet défavorable puisque ce pays est devenu exportateur de pétrole.

Si, dans l'ensemble, de tels résultats paraissent satisfaisants, ils ne doivent pas masquer de profondes disparités entre les pays. En dépit de la convergence graduelle des politiques macro-économiques, la polarisation des soldes extérieurs met en évidence la divergence des structures productives, qui permet à l'Allemagne fédérale de dominer ses partenaires sur les marchés européens. Or les besoins de croissance demeurent différents, comme en témoigne l'évolution du chômage (colonnes c). Entre 1985 et 1989, le taux de chômage recule de près de deux points dans l'ensemble de la CEE, mais tandis que la baisse dépasse cinq points au Royaume-Uni et en Espagne (précisément les pays dont le solde courant se dégrade le plus), elle est insignifiante en France, au Danemark et en Grèce, et le chômage continue même à s'accroître en Italie. En 1989, le taux de chômage reste toujours supérieur à 16 % en Irlande et en Espagne, à 10 % en Italie et en France, à 9 % aux Pays-Bas et en Belgique.

Le chômage demeure ainsi un problème très grave dans la moitié des pays de la Communauté. Aux caractéristiques structurelles de chaque marché du travail – inadéquation de l'offre et de la demande d'emploi, hausse des taux d'activité de la main-d'œuvre en période de reprise, évolution de la productivité dans les différents secteurs – s'ajoutent, en l'occurrence, des disparités démographiques (tableau 7). Dans la Communauté européenne, les taux de natalité et les indices de fécondité sont tombés aujourd'hui à des niveaux très faibles, sauf en Irlande et, à un moindre degré, en France et au Royaume-Uni. A long terme, cette situation générale est lourde de menaces et fait douter de la capacité de redressement de l'Europe. A court terme, on observe surtout des divergences dans les rythmes d'accroissement de la population en âge de travailler. Avant qu'un afflux brutal de population d'origine allemande ne se soit manifesté en Allemagne fédérale, celle-ci commençait même à entrer dans un processus d'implosion démographique.

Tableau 7 :
Quelques indicateurs démographiques

	Natalité (a)	Fécondité (b)	Population en âge de travailler (c)	
	1989	1989	86/79	90/86
RFA (*)	11	1,4	0,8	– 0,2
France	14	1,8	0,9	0,3
Italie	10	1,3	0,6	0,2
Royaume-Uni	14	1,8	0,5	0,0
Belgique	12	1,5	0,1	0,4
Luxembourg	11	1,4	n.d.	n.d.
Pays-Bas	13	1,6	1,2	0,6
Danemark	11	1,5	0,5	0,2
Irlande	17	2,3	1,3	1,3
Espagne	11	1,5	1,0	0,9
Portugal	12	1,6	1,6	0,5
Grèce	11	1,6	1,0	0,4

(a) Taux pour 1000 habitants. Source : Population et Sociétés, Bulletin mensuel de l'INED, juillet-août 1989.
(b) Nombre d'enfants par femme. Source : Population et Sociétés, Bulletin mensuel de l'INED, juillet-août 1989.
(c) Taux de croissance annuel pour chaque période. Source : Calcul CEPII à partir des Perspectives de l'emploi de l'OCDE et d'Eurostat.
(*) Le chiffre concernant la population en âge de travailler, de 1986 à 1990, exclut l'immigration récente d'Allemands originaires de RDA ou d'autres pays de l'Est.
n. d. = non disponible.

Il apparaît ainsi que, pour résorber le chômage au sein de la Communauté européenne, une divergence plus grande entre les taux de croissance des pays membres est nécessaire :

les taux les plus élevés doivent être atteints dans les nations dont le chômage reste le plus fort. En outre, cette divergence s'impose également si l'on veut réduire les disparités persistantes de développement, mises en évidence par le graphique O. Les PIB par habitant, mesurés à parité des pouvoirs d'achat, indiquent les positions relatives des pays, la base 100 étant pour chaque année la moyenne communautaire. Quatre groupes de pays peuvent être distingués en 1988 :

– le Luxembourg, qui figure en tête à l'indice 133, constitue un cas particulier car il est le plus petit des pays membres et a attiré des capitaux étrangers par de larges avantages fiscaux ;

– au second rang, l'Allemagne fédérale a dépassé le Danemark, ces deux pays ayant un indice supérieur à 115 ;

– viennent ensuite la France, le Royaume-Uni, l'Italie, les Pays-Bas et la Belgique, qui ont tous convergé au cours de la période vers un indice compris entre 100 et 106 ;

– les quatre derniers pays figurent très nettement en dessous de la base 100 sans que leur position se soit améliorée au cours de la dernière décennie ; l'Espagne (indice 74) devance respectivement l'Irlande (64), la Grèce (52) et le Portugal (51).

A l'évidence, l'élargissement de la Communauté a fortement accru les disparités entre les pays membres. Or, à elle seule, la dynamisation de l'ensemble communautaire ne sera pas suffisante pour faire disparaître le chômage et pour atténuer graduellement ces disparités. Pour assurer des croissances différenciées entre des pays distincts, le taux de change réel reste l'instrument le plus puissant et le plus efficace, car il permet à la fois de compenser les divergences de spécialisation et d'orienter les flux d'investissement (cf. G.Lafay, 1984). Le graphique P indique ainsi les positions des Douze pays au niveau du PIB, par rapport à une base 100 qui représente les taux théoriques de parité des pouvoirs d'achat dans la CEE, en distinguant les quatre "grands" pays, les quatre "petits" pays du Nord (Danemark et Benelux), et les quatre autres membres (Irlande et nouveaux adhérents du Sud de la Communauté).

Logiquement, les taux de change réels sont inférieurs à la base 100 pour les quatre pays du dernier groupe, dont le niveau de développement est inférieur à la moyenne communautaire, et ceci est de nature à stimuler leur

Graphique O :
PIB par tête des 12 pays de la CEE
Calcul à Parité des Pouvoirs d'Achat

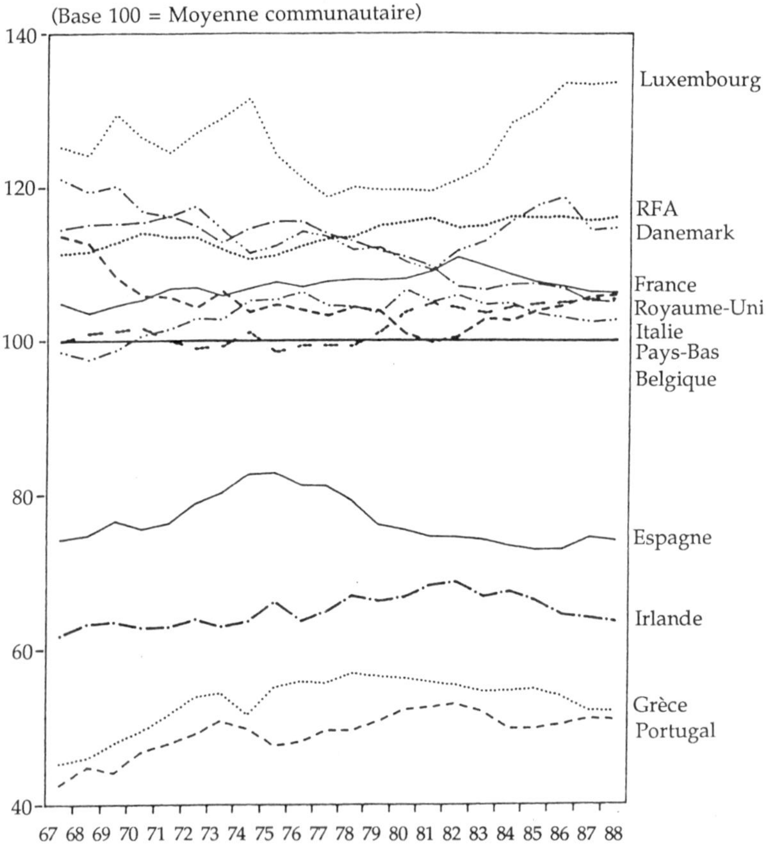

Source : CEPII, base PIB-Pop

croissance. La situation la plus saine est celle de l'Espagne, qui a mieux réussi que les autres à maîtriser l'inflation, et dont le taux de change encore bas permet d'attirer des capitaux étrangers. Au Portugal et surtout en Grèce, la baisse nécessaire du taux de change réel n'a pas été accompagnée d'une politique anti-inflationniste suffisamment rigoureuse, de sorte que la position de ces deux pays reste précaire. Quant à l'Irlande, elle a subi au début des années quatre-vingt une hausse excessive de son taux de change réel qui risque de l'handicaper pour l'avenir.

Graphique P :

Taux de change réels des douze pays de la CEE

Calcul au niveau du PIB

(Base 100 = parité des pouvoirs d'achat dans la CEE)

A. RFA, France, Royaume-Uni, Italie

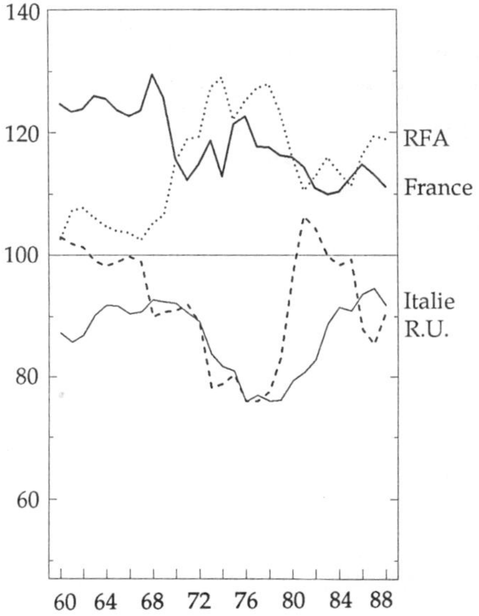

B. Belgique, Luxembourg, Pays-Bas, Danemark

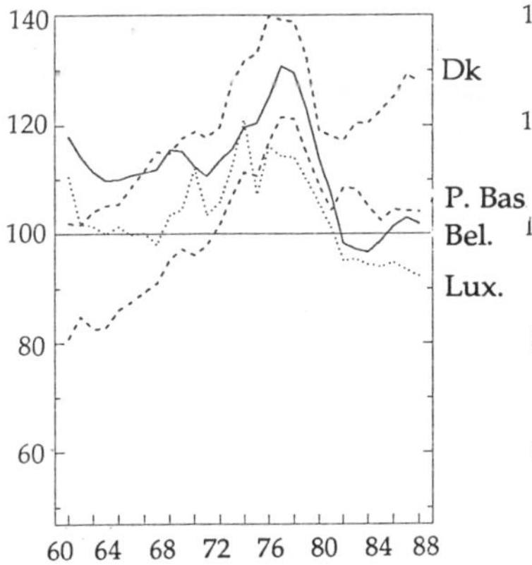

C. Irlande, Espagne, Portugal, Grèce

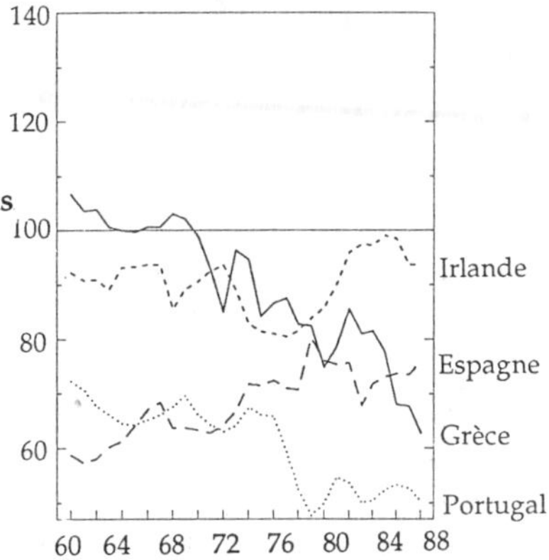

Source : CEPII, base CHELEM-PIB, Pop

Parmi les huit autres pays de la CEE, les disparités tiennent moins à des écarts de développement qu'à des divergences entre les besoins de croissance (chômage) et l'efficacité des appareils productifs (spécialisation). A cet égard, il est clair qu'à la fin des années quatre-vingt, la situation propre à l'Allemagne fédérale devait conduire, tôt ou tard, à la nécessité de réévaluer substantiellement le deutsche Mark, et donc à opérer un réaménagement de grande ampleur au sein du Système Monétaire Européen. Aujourd'hui, l'enclenchement du processus de réunification allemande pose le problème en des termes nouveaux, de même qu'il éclaire d'un jour différent les perspectives qui avaient été tracées, au cours des dernières années, afin de relancer la construction européenne.

Seconde partie

Perspectives du marché unique européen

La relance de la construction européenne a d'abord été conçue sous la forme du "marché unique". Le Livre Blanc, présenté en juin 1985 à Milan, énumère 285 mesures qui représentent les conditions de réalisation de ce grand marché à l'échelle des Douze, et l'état présent d'avancement montre que l'échéance fixée – le 1er janvier 1993 – a de fortes chances d'être atteinte. Le Livre Blanc est complété par l'Acte Unique, qui a été présenté en décembre 1985 à Luxembourg, puis ratifié comme Traité international par les Etats membres.

Les dispositions prévues visent à unifier le marché européen en éliminant les différentes frontières entre les nations de la CEE (Chapitre III). On doit remarquer que la libre circulation à l'intérieur de la Communauté, non seulement pour les biens et services, mais aussi pour les hommes et pour les capitaux, va rendre caduques toutes les mesures nationales de protection qui subsistent à l'heure actuelle. Vis-à-vis du reste du monde, la politique commerciale communautaire n'est pas explicitée, mais elle devra le plus souvent s'aligner sur les pratiques des pays du Nord de la CEE, qui sont aussi les moins protectionnistes. Ainsi, selon toute vraisemblance, l'Europe de 1993 ne constituera pas une "forteresse" ; tout en exigeant de ses partenaires certaines formes de réciprocité, elle sera encore plus ouverte que celle d'aujourd'hui sur l'ensemble de l'économie mondiale.

Dans le prolongement du marché unique, la relance européenne passe aussi par des mécanismes de régulation macro-économique (Chapitre IV). Certes, les premières formes d'organisation monétaire sont antérieures au marché unique puisqu'elles remontent au début des années soixante-dix et se sont traduites, en 1978, par la création du Système Monétaire Européen (SME) ; de même, les dépenses occasionnées par la Politique Agricole Commune (PAC) ont posé, depuis de nombreuses années, de sérieux problèmes budgétaires à la CEE. Mais le plan d'"union économique et monétaire dans la Communauté", présenté dans le rapport du comité Delors en avril 1989, propose en trois étapes un nouvel approfondissement de l'intégration européenne, et les implications de ce processus conduisent à envisager différents scénarios pour les années quatre-vingt-dix.

Chapitre III

Les conditions de réalisation d'un marché unifié

Section 1. L'élimination des frontières sur le marché des biens

A. L'élimination des procédures douanières

a. L'évolution dans le temps

La suppression complète des droits de douane et des restrictions quantitatives, ainsi que la mise en place du tarif extérieur commun, avaient été réalisées en 1968 par les Six pays fondateurs de la Communauté européenne. Au sein de l'Europe des Neuf, les droits de douane ont été supprimés en 1977, et le processus devrait prendre fin au premier Janvier 1993 à l'intérieur de l'Europe des Douze.

Alors que les progrès des premières années avaient été très rapides, prenant même de l'avance sur l'échéancier prévu, la récession dans les années 70 a considérablement ralenti les efforts destinés à l'élimination des barrières à l'échange à l'intérieur de la Communauté. De plus, quelques droits et subventions aux frontières et certaines restrictions quantitatives à la production ont été rétablis assez récemment dans les domaines de l'agriculture et de l'acier.

b. L'état actuel

Actuellement, les échanges de marchandises qui franchissent plusieurs frontières à l'intérieur de la Communauté représentent environ 14 % du PIB global et plus de la moitié du commerce intracommunautaire (Rapport Cecchini).

De nos jours, les causes qui donnent lieu à une série de procédures douanières sont les suivantes :

– les différences des taux de la TVA et des droits d'accise d'un pays à l'autre ;

– l'existence des Montants Compensatoires Monétaires (MCM) dans le cadre de la politique agricole commune ;

– l'application de normes sanitaires différentes au sein de chaque nation ;

– les vérifications dans le domaine du transport routier (licences, contrôles de conformité) ;

– l'existence des quotas bilatéraux vis-à-vis des pays tiers (exemple des quotas textiles dans le cadre de l'Accord multifibres du GATT).

Toutes ces procédures se traduisent par des délais et des coûts supportés par les entreprises et les Etats (frais généraux d'administration, frais de stockage et de transport, etc.), et par des prix plus élevés pour les consommateurs. Mais les effets indirects sont beaucoup plus considérables, car ils se manifestent comme des entraves à une compétitivité accrue au sein de la Communauté. Leur élimination, en particulier celle des Montants Compensatoires et des régimes de quotas, revêt une grande importance. Les quotas sont apparus dans des secteurs qui connaissent une sur-capacité de production, mais où les nouveaux pays membres détiennent des avantages comparatifs et peuvent accroître leur part de marché avec des prix compétitifs, et ainsi mieux affronter le choc de la concurrence communautaire dans d'autres domaines.

c. Les propositions de la Commission

La suppression de ces barrières physiques est naturellement liée à celle des causes qui les engendrent. Certains contrôles ont déjà été supprimés, conformément au calendrier du Livre Blanc de la Commission, mais les restrictions qui concernent les régimes de quotas et les Montants Compensatoires semblent pouvoir subsister au-delà de 1992. La Commission considère que ces formalités proviennent de l'insuffisance de la politique commerciale commune et ne pourront être éliminées qu'une fois que celle-ci aura été renforcée.

B. L'élimination des réglementations et des normes techniques

a. Définition

Ces frontières techniques ont des conséquences encore plus importantes que les précédentes. Elles peuvent prendre des formes multiples, mais ont une finalité commune : imposer aux produits nationaux et importés une conformité à des normes ou règles techniques et qualitatives correspondant à des conditions d'hygiène, de sécurité, de protection de l'environnement et des consommateurs. Les règles techniques qui sont fixées par les Etats se distinguent de celles fixées par les organisations professionnelles par leur caractère contraignant.

b. Leur importance

Les frontières techniques ont un effet doublement négatif : non seulement elles suscitent des coûts supplémentaires comme les frontières physiques, mais aussi elles introduisent des distorsions dans les systèmes de production. Leur présence empêche les économies d'échelle car les entreprises sont incitées à se limiter aux marchés nationaux.

Plus de 100 000 réglementations et normes techniques différentes existent déjà dans la Communauté et ce nombre a tendance à croître. Elles entraînent des coûts supplémentaires dans les entreprises en raison des pertes d'efficacité (doubles emplois dans la recherche et le développement, sur-coûts de stockage et de distribution), diminuant ainsi leur capacité concurrentielle au niveau international. Impliquant également des doubles emplois pour la vérification et la certification par les administrations publiques, elles obligent les consommateurs à payer des prix plus élevés.

Les secteurs les plus concernés sont l'électronique, la construction mécanique, les matériaux de construction, les produits chimiques, les moyens de transport, le matériel de précision et le matériel médical.

L'existence de ces barrières rend les entreprises américaines ou japonaises plus compétitives vis-à-vis de celles des pays membres sur le marché communautaire. Ceci est notamment le cas du matériel de précision et du matériel médical, où les fabricants américains dépassent leurs concurrents européens grâce aux économies d'échelle que procure leur vaste marché intérieur. La suppression de ces frontières est donc vitale dans la mise en œuvre d'une industrie européenne unifiée et plus compétitive sur le plan communautaire et international.

c. Les mesures prises par la Commission

L'harmonisation des différentes réglementations nationales a longtemps été considérée comme la seule solution possible pour supprimer les entraves techniques aux échanges. Cependant, cette méthode s'est avérée très inefficace dans la pratique et, dans le cadre du Livre Blanc, la Commission a proposé de lui substituer le principe de la reconnaissance mutuelle des normes et des règles.

Le principe de l'harmonisation repose sur l'article 100 du Traité de Rome : "Le Conseil, statuant à l'unanimité sur proposition de la Commission, arrête des directives pour le rapprochement des dispositions législatives, réglementaires et administratives des Etats membres qui ont une incidence directe sur l'établissement et le fonctionnement du marché commun". Avec cette méthode, qui nécessite donc l'unanimité des décisions, le processus d'élimination des barrières techniques était extrêmement lent et a été dépassé par la prolifération des normes et des règles nationales : à la fin de 1983, seulement 158 directives avaient été adoptés par le Conseil alors que, rien qu'en Allemagne, l'Institut DIN avait élaboré un total de 23 000 normes jusqu'à la fin 1983 (rapport Padoa-Schioppa, 1987).

Constatant l'inefficacité de cette "méthode de Sysiphe", la Commission a proposé "une nouvelle approche" en 1985. Celle-ci se base essentiellement sur le principe de la reconnaissance mutuelle et peut se résumer en trois points :

(1) les Etats sont désormais tenus de définir leurs exigences en matière de santé et de sécurité, sur lesquelles l'action de l'harmonisation de la Communauté sera concentrée, plutôt que sur des spécifications détaillées comme c'était le cas auparavant ;

(2) les Etats doivent systématiquement recourir à l'application du "principe de la reconnaissance mutuelle" qui implique l'acceptation des produits légalement et loyalement fabriqués

dans d'autres Etats, même si leurs techniques de fabrication sont différentes des exigences nationales ;

(3) la Commission poursuivra ses efforts pour mettre en place des "normes européennes" par le biais des organismes techniques telles que le Comité européen de normalisation (CEN) et le Comité européen de normalisation électronique (CENELEC), sur la base d'un vote à la majorité qualifiée.

Par ailleurs, la Commission s'efforcera d'empêcher la constitution des nouvelles barrières.

C. L'ouverture des marchés publics

a. Définitions : achats publics et marchés publics

Les achats publics correspondent à l'ensemble des achats de biens et de services par les administrations et entreprises publiques, notamment celles qui détiennent un monopole, une concession ou un droit spécial pour offrir un service public (distribution d'énergie, postes et télécommunications, chemins de fer, etc.) Les marchés publics concernent seulement une partie des achats publics. En effet, ils correspondent à des contrats passés par les agents publics à la suite d'appels d'offre ou de négociations. Ces marchés sont évalués à près de 8 % du PIB communautaire par an.

b. Les marchés publics, un domaine exclusivement national jusqu'à ces dernières années

Portant sur les travaux publics et les fournitures, les deux directives communautaires adoptées dans les années 70 visaient à coordonner les procédures nationales de passation des marchés en y introduisant un minimum de règles communes. Elles ont été délibérément contournées ou ignorées par les pouvoirs adjudicateurs qui, jusqu'à nos jours, ont toujours préféré jouer la carte nationale.

De nombreuses infractions ont été couramment pratiquées, telles que la non-publication des appels d'offre au Journal officiel des Communautés Européennes, le recours abusif aux procédures de passation exceptionnelle, l'exclusion illégale de soumissionnaires originaires des autres pays membres, la discrimination lors de la vérification des aptitudes aux conditions exigées, etc. Dans la plupart des cas, l'acheteur avait un rôle considérable dans le choix de son contractant (surtout par le biais des procédures de gré à gré), et ceci était généralisable à l'ensemble de la Communauté.

Ainsi, les directives de la Communauté qui allaient dans le sens d'une passation concurrentielle des marchés n'ont guère été suivies. Par ailleurs, celles-ci n'étaient pas applicables dans le cadre des secteurs qui sont exclus des accords du GATT, comme les télécommunications, les transports, l'énergie et l'eau, qui recouvrent à eux seuls plus de la moitié des marchés publics.

La fermeture des marchés publics à la concurrence implique nécessairement, lors des procédures de passation de contrats, l'acceptation de conditions faiblement compétitives au niveau international. En moyenne, pour les grands pays de la Communauté, la part des importations dans les marchés publics se situe, suivant les produits, entre 10 et 20 %, alors que pour l'ensemble de l'économie cette même part varie entre 15 et 50 %. Pour les petits pays membres, qui sont beaucoup plus ouverts, la part des importations dans les marchés publics se rapproche de celle observée pour l'ensemble de l'économie.

Certaines études montrent que les pouvoirs publics renoncent souvent à des économies de l'ordre de 25 % en se privant des prix plus avantageux offerts par la concurrence. En outre, ces pratiques discriminatoires, tout en entravant l'unification du marché européen, favorisent parfois paradoxalement les concurrents de la Communauté. Ainsi, en 1986, les entreprises de construction américaines ont signé pour 6 milliards d'Ecus sur les marchés européens, alors que les entreprises européennes n'ont signé que pour 0,6 milliard d'Ecus sur les marchés européens hors de leur territoire national (Rapport Cecchini).

c. Les changements radicaux à la fin des années quatre-vingt

Trois directives adoptées depuis la fin des années 80 ont ouvert une nouvelle ère dans le domaine des marchés publics au sein de la CEE. Les deux premières directives, qui sont entrées en vigueur au début de 1989 et de 1990, ont ouvert respectivement à la concurrence les achats publics de fournitures et les travaux publics. La dernière directive, qui a été adoptée par le Conseil des ministres de l'industrie le 22 février 1990, constitue à elle seule une véritable révolution, car elle concerne les fameux "secteurs exclus" qui, jusqu'à nos jours, étaient vierges de toute concurrence internationale.

Pour assurer la transparence des marchés, les deux premières directives prévoient l'introduction d'un système d'information assez sophistiqué :

– désormais, le pouvoir adjudicateur doit publier son programme et son calendrier d'achat chaque année ;

– les pouvoirs publics sont tenus de mentionner les normes techniques européennes ou du moins internationales dans leur cahier des charges ;

– le délai de soumission des offres et de réception des candidatures a été considérablement allongé ;

– les adjudicateurs doivent publier le résultat des offres dans le Journal officiel des communautés européennes ;

– enfin, les Douze devraient soumettre chaque année un rapport statistique sur l'ensemble des marchés des travaux et de fournitures qui ont été adjugés.

Les deux directives sont applicables aux marchés d'une valeur minimale de 200 000 Ecus pour les fournitures et de 1 million d'Ecus pour les travaux. Par ailleurs, les régions les plus défavorisées de la Communauté (déclin industriel ou retards de développement) pourront maintenir une préférence pour les entreprises locales lors de l'attribution d'un contrat jusqu'au 31 décembre 1992.

La troisième directive qui a été adoptée par le Conseil, et qui fera prochainement l'objet d'un vote au Parlement européen, ouvrira à la concurrence communautaire, et même internationale, les achats de fournitures et les travaux dans la plupart des marchés publics des secteurs de l'eau potable, de l'énergie, des transports et des télécommunications à partir du 1er janvier 1993, sauf en Espagne (1996), Grèce et Portugal (1997). Cependant, quelques domaines de grande importance comme certains marchés d'achats d'énergie (gaz, électricité) ainsi que les transports aériens et maritimes sont restés exclus du champ d'application de la directive.

Elle s'appliquera aussi bien aux organismes publics qu'aux entités privées bénéficiant de droits spéciaux ou exclusifs délivrés par les Etats. Seuls les marchés de travaux d'une valeur supérieure à 5 millions d'Ecus seront concernés, tandis que la valeur minimale est fixée à 400 000 Ecus pour les marchés de fournitures en général et à 600 000 Ecus pour le secteur particulier des télécommunications.

La particularité de cette directive est, non seulement l'ouverture des secteurs qui jusqu'alors étaient exclus de la concurrence internationale par les accords du GATT, mais aussi et surtout la mise en place d'une préférence communautaire. Ainsi, si plusieurs offres équivalentes (c'est-à-dire ne présentant pas un écart de prix supérieur à 3 %) sont en concurrence, la préférence doit aller obligatoirement à l'offre communautaire.

Cette notion de préférence communautaire ne doit cependant pas être assimilée à l'idée de l'Europe forteresse. En effet, il s'agit des secteurs où l'absence de la concurrence est généralisable à l'échelle mondiale. A titre d'exemple, un écart de prix de 10 % est appliqué par les pays de l'AELE, tandis qu'aux Etats-Unis cet écart varie de 6 à 25 % selon les Etats.

Section 2. L'harmonisation fiscale

A. Les efforts accomplis jusqu'à présent

Les différences de taux d'un pays à l'autre, accompagnées de la pratique de détaxation à l'exportation et de taxation à l'importation, sont les principales raisons des contrôles aux frontières, divisant la Communauté en douze entités fiscales différentes. La réalisation d'un marché unique exige l'élimination des frontières fiscales. Cependant, celle-ci s'avère difficile, car elle passe par un rapprochement des législations nationales pour se prémunir contre les distorsions de la concurrence et les fraudes potentielles.

Les efforts de la Communauté pour une harmonisation fiscale remontent à 1967, date à laquelle le Conseil a décidé de substituer une taxe sur la valeur ajoutée, calculée suivant un système commun, aux impôts existant sur le chiffre d'affaires. Compte tenu des difficultés qu'un tel changement imposait, un échelonnement sur plusieurs années était nécessaire. En 1971 a été créé un "système des ressources propres". Il s'agissait d'attribuer à la Communauté un certain pourcentage (fixé à 1 % maximum) de la base harmonisée de la TVA. Par la suite, la complexité des procédures requises a largement retardé l'harmonisation nécessaire des fiscalités. Dans ce contexte, même la sixième directive de la TVA, approuvée en 1977 par le Conseil afin d'instaurer un régime de taxation neutre pour une concurrence saine, a présenté d'importantes lacunes, et une série de régimes spéciaux ont été maintenus à cause des désaccords sur certains points litigieux.

La Communauté s'est également penchée sur une harmonisation de la structure des droits d'accise au début des années 70. Ainsi, en 1972, la Commission a choisi comme premiers produits le tabac, les boissons alcoolisées et les huiles minérales, pour le maintien et l'harmonisation des droits d'accise. Ceci était le début d'un programme d'harmonisation qui, dans sa phase finale, devait comprendre tous les produits concernés par ces droits mais n'a pu aboutir. Les discussions sont toujours en cours.

Le Livre blanc de la Commission a donné une nouvelle impulsion à l'élimination des frontières fiscales. Des propositions ont été préparées en 1987 par la Commission pour accomplir un rapprochement fiscal, suffisant pour la suppression des frontières sans pour autant réaliser une "réforme fiscale communautaire".

B. Les problèmes

Certaines études montrent que la part des recettes relative à la taxation indirecte dans le PIB est proche de la moyenne communautaire pour la plupart des pays membres. Mais de grandes différences existent, entre les pays, dans la composition de cette part : les proportions de la TVA et des droits d'accise au sein des impôts indirects varient fortement d'un pays à l'autre.

a. La TVA

Le problème principal est d'éliminer les frontières fiscales tout en évitant les distorsions commerciales et les détournements de trafic qui sont susceptibles d'être engendrés par cette suppression. Il s'agit de trouver un "juste équilibre" dans le rapprochement des législations. A cet égard, la Commission a cité l'exemple des Etats-Unis dans le Livre blanc. Dans ce pays où une harmonisation totale des taxes de vente entre les Etats fédérés n'existe pas, il n'y a pas de frontières fiscales au sens propre du terme. Ceci a été rendu possible par une limitation des écarts de taux des taxes à un maximum de 5 %. En partant de cet exemple, dans le cadre de la Communauté, la Commission a pensé à l'instauration d'une certaine marge autour d'un taux pivot qui permettrait une certaine flexibilité de la TVA.

Actuellement, dans l'Europe communautaire, les taux normaux s'échelonnent de 12 à 25 % suivant les pays, le nombre de taux et les listes de produits par taux diffèrent d'un pays à l'autre. Ainsi, l'harmonisation de la TVA soulève trois questions.

(1) Le champ d'application de la TVA : la sixième directive prévoit une assiette commune déterminée de façon uniforme suivant les règles communautaires, mais elle prévoit également de nombreuses dérogations ; ainsi, par exemple, les produits alimentaires n'entrent pas dans le champ d'application de la TVA au Royaume Uni et en Irlande, alors qu'ils en font partie dans d'autres pays.

(2) Le nombre de taux : actuellement trois types de taux existent dans la Communauté (le taux réduit, le taux normal et le taux majoré) ; le taux réduit est une caractéristique commune, tandis que le taux majoré n'est appliqué que par six pays dont la France.

(3) Le niveau des taux.

La réponse à ces trois questions devrait, en principe, être accompagnée d'un système permettant de traiter les marchandises qui franchissent les frontières de la même façon que celles qui circulent à l'intérieur des frontières, c'est-à-dire sans contrôle de taxe.

b. Les droits d'accise

Ici, la charge fiscale varie fortement d'un pays à l'autre selon le secteur et le produit. Par exemple, en mars 1985, les accises variait de 0,28 Ecu (Grèce) à 1,96 Ecu (Danemark) par paquet de 20 cigarettes. De plus, il existe un grand nombre de produits qui sont soumis aux droits d'accise (à titre d'exemple, 28 boissons alcoolisées et 7 produits pétroliers) et ce ne sont pas toujours les mêmes dans chaque pays.

C. Les propositions de la Commission

a. La TVA

En ce qui concerne la TVA, la Commission a proposé un système à deux taux, avec un taux réduit pour des biens de première nécessité pouvant aller de 4 à 9 %, et un taux normal s'appliquant à tous les autres produits compris entre 14 et 20 %. Il appartient aux Etats membres de fixer le niveau national de chacun des deux taux tout en restant dans les fourchettes indiquées. La Commission pense que ce système introduira le minimum de changements par rapport à la situation actuelle pour un maximum de pays.

Le point le plus délicat concerne le lieu d'application de la TVA. Les propositions initiales de la Commission visaient à appliquer la TVA suivant le lieu de production. Un tel système était conforme à la logique du marché unique dans la mesure où il faisait disparaître toute différence entre la vente sur le marché national et la vente dans un autre Etat de la Communauté. Si les distorsions de concurrence restaient limitées par le rapprochement des taux, ce système comportait en revanche des risques de fraude tant que les administrations fiscales demeurent distinctes : en raison de la nature même de cet impôt, les entreprises versent la TVA sur leurs ventes, mais elles peuvent la récupérer sur leurs achats effectués dans n'importe quel autre pays de la Communauté.

C'est la raison pour laquelle le système qui sera en application, au moins jusqu'à la fin de 1996, restera fondé sur l'application de la TVA suivant le lieu de consommation. Les procédures déclaratives vont cependant être simplifiées afin d'alléger les charges pour les entreprises et les administrations et de supprimer les contrôles aux frontières. Un régime spécial est prévu pour les automobiles et les ventes à distance. Les discussions techniques se poursuivent afin de résoudre les problèmes liés à la suppression, au 1er janvier 1993, des limitations aux achats des particuliers pour leur consommation personnelle lorsqu'ils se déplacent dans la Communauté.

b. Les droits d'accise

En ce qui concerne les accises, les propositions de la Commission sont toujours en cours de discussion. La Commission juge préférable une harmonisation intégrale des taux, compte tenu du calcul de la TVA qui inclut les assises dans le prix des produits. Toute flexibilité en matière de taux des droits d'accise impliquerait automatiquement des différences de TVA supérieures aux marges prévues.

c. Les conséquences

Les conséquences budgétaires d'une application de ces propositions se présentent différemment suivant les pays. Les auteurs du rapport Cecchini pensent que le niveau des recettes indirectes serait à peu près conservé dans trois Etats membres (Belgique, Italie et Pays-Bas) ; la France subirait une légère perte, tandis que l'Allemagne, le Royaume-Uni et la Grèce connaîtraient une progression modérée. Les conséquences seraient de nature plus importante pour deux groupes de pays : au Danemark et en Irlande les pertes de recettes seraient considérables, tandis que le Luxembourg, l'Espagne et le Portugal enregistreraient des augmentations importantes.

D. La fiscalité directe sur les entreprises

Une allocation économique des ressources et des activités doit conduire, tôt ou tard, à l'instauration d'un "statut d'entreprise ou de société européenne". A l'heure actuelle, l'obstacle fiscal constitue un véritable handicap dans ce domaine. Les législations fiscales nationales facilitent les fusions ou créations de filiales communes, mais exclusivement entre entreprises du pays. Quand il s'agit d'entreprises de nationalités différentes, les plus-values comptables qu'engendre l'opération en question sont lourdement taxées. Une fiscalité européenne moderne, encourageant l'investissement et l'innovation, est d'autant plus nécessaire que le marché unique exige la libre circulation des capitaux (cf. Section 5).

Section 3. Le marché commun des services

Pour les services, contrairement au cas des marchandises, l'internationalisation des entreprises s'opère davantage par la délocalisation des activités que par le commerce sous sa forme usuelle (cf. La fin des avantages acquis, 1989). Les progrès dans la perspective de l'unification du marché des services ont été beaucoup plus lents que ceux pour le marché des biens. Or la liberté de prestation des services, entre les pays européens, conditionne souvent la compétitivité industrielle, et la part des services est prédominante dans l'activité économique européenne (plus de 60 % de la valeur ajoutée).

A. La liberté d'établissement et la libre prestation des services

La liberté d'établissement consiste, pour tout agent économique d'un Etat de la Communauté, à pouvoir constituer et gérer une entreprise ou exercer sa profession dans un autre pays membre de la Communauté dans les conditions d'agrément définies par la législation du pays d'origine. Ceci implique que cet agrément bénéficie de la reconnaissance mutuelle de la part du pays d'accueil. La liberté d'établissement est effective au niveau des textes communautaires, mais elle connaît deux obstacles qui entravent son plein fonctionnement :

(1) la non-reconnaissance mutuelle des diplômes et des qualifications pour la majorité des professions (exceptés les médecins, les dentistes, les infirmiers, les vétérinaires, les coiffeurs et les architectes) ;

(2) l'absence d'un droit commun des sociétés.

La libre prestation des services se définit comme la possibilité offerte, soit à toute entreprise de la Communauté d'exercer son activité au profit de clients d'autres Etats membres sans être implantée dans ces derniers, soit à tout ressortissant de la Communauté de s'adresser à un établissement régulièrement établi dans n'importe lequel des Etats membres. La libre prestation des services, bien qu'elle soit reconnue dans le Traité de Rome, est limitée dans la pratique.

Ces deux formes de libéralisation sont particulièrement nécessaires dans les services "traditionnels". Par ce terme, la Commission désigne les branches des services financiers (banques et assurances) et des transports. Ceux-ci, outre leur longue existence qui les rend "traditionnels" par rapport aux nouveaux types de services (commercialisation de l'information, services audiovisuels, etc.), possèdent un point commun : ils sont souvent soumis à des réglementations de l'administration centrale pour des objectifs de surveillance ou de sécurité qui entravent considérablement l'accès au marché.

B. L'élimination des frontières dans les services financiers

Les services financiers (banques, assurances, gestion des valeurs mobilières) occupent dans le PIB de la Communauté une place importante (près de 7 %) et qui a tendance à s'accroître. Leur libéralisation augmentera non seulement l'efficacité du secteur, mais également celui des secteurs qui y ont recours.

a. Les banques

La liberté d'établissement est reconnue aux banques étrangères dans tous les Etats membres de la Communauté. Cependant, l'absence d'une législation commune jusqu'à décembre 1989 a permis l'instauration de multiples obstacles dans la pratique. Ainsi, par exemple, le montant des frais d'établissement se trouve sensiblement différent d'un pays à l'autre. Compte tenu des frais importants dans certains pays, les banques d'origine étrangère concurrencent difficilement celles qui y sont déjà installées. D'autre part, le contenu des activités qui leur sont permises est également différent dans chaque pays, ainsi que les réglementations concernant les réserves, la concentration des risques, les coefficients de solvabilité, etc.

L'adoption de deux directives en décembre 1989 vient de combler le trou dans la législation communautaire relative au secteur bancaire. Il s'agit de la deuxième directive de coordination bancaire et de la directive sur les ratios de solvabilité des établissements de crédit, qui entreront en vigueur au début 1993.

La deuxième directive de coordination bancaire établit un agrément bancaire unique, permettant aux établissements de crédit agréés de fournir toute la gamme de leurs services dans tous les Etats membres sur la base du contrôle du pays d'origine. Ainsi, la succursale d'une banque d'un Etat membre, établie dans un autre Etat membre, agira selon les règles de son pays d'origine et sera contrôlée par les autorités de ce pays.

De cette façon, le pays d'accueil ne pourra plus exiger, à partir de 1993, un capital de dotation aux succursales des banques des autres Etats membres. Par ailleurs, toutes les formes de transactions sur les valeurs mobilières (transactions sur leur propre compte ou pour le compte de la clientèle à court et à long terme) entrent dans le champ de la directive. Donc, à partir de 1993, le consommateur européen bénéficiera de plus de choix entre les services bancaires.

La deuxième directive de coopération bancaire implique également une plus grande ouverture vis-à-vis des pays tiers. En effet, c'est le principe de réciprocité en termes de "traitement national" qui sera retenu dans le cadre des relations bancaires avec les pays extra-communautaires. Ainsi, les banques des pays tiers qui réservent le même traitement aux établissements européens qu'aux banques locales auront automatiquement accès au marché européen dans les mêmes conditions que les banques européennes. Rappellons que les banques des pays tiers qui sont déjà installées, ou seront installées avant 1993 dans les pays de la Communauté, sont ou seront considérées comme des banques européennes.

La directive sur les ratios de solvabilité vise, quant à elle, à instaurer dans ce contexte une protection accrue du consommateur. Les banques de la Communauté procèdent dès à présent à d'importantes augmentations de capital pour être en mesure de satisfaire en 1993 les exigences relatives au "ratio Cooke", défini par le comité de la BRI et repris dans la directive. Celui-ci correspond à un rapport de 8 % entre les fonds propres et les engagements pondérés d'une banque.

b. Les assurances

La libre prestation des assurances dans la Communauté a longtemps été bloquée à cause des trois difficultés suivantes :

– le problème du droit applicable : quel est celui qui doit s'imposer dans les relations entre assureurs et assurés, et lequel faut-il appliquer aux entreprises d'assurances dans l'exercice de leur activité ?

– le problème de la fiscalité : les taux d'imposition varient actuellement ente 0 et 30 % dans le domaine des assurances en Europe. Dans ce contexte de grandes disparités, l'harmonisation des régimes de taxation s'avère très difficile. Or, le manque d'harmonisation fiscale préalable à toute libéralisation en matière d'assurances (ou d'épargne) est susceptible de rendre inégales les conditions de la concurrence et de développer la fraude.

– le problème du choix entre l'établissement et la libre prestation des services : une même entreprise d'assurances peut-elle opérer à la fois selon les deux modalités dans un autre pays de la CEE ?

La libre prestation des services, accordée aux architectes, aux médecins et aux autres catégories de professions (cf. A), a été difficilement mise en œuvre dans la CEE. Cependant, elle impliquait beaucoup moins de difficultés que les activités de services de masse. Celles-ci sont lourdes en main-d'œuvre, fortement capitalisées, d'un grand poids économique, très réglementées dans l'intérêt du consommateur et, dans certains pays, très fiscalisées.

Après une dizaine d'années d'inertie, la Communauté s'oriente avec les décisions du Conseil des ministres de décembre 1988 vers une réalisation rapide du marché unique de l'assurance. Le principe étant la liberté totale pour les assureurs étrangers de couvrir les risques industriels, en dehors de leur pays d'origine, et sans même devoir s'installer sur place pour accéder à la clientèle. Les libertés accordées par le Conseil devront entrer en vigueur dans le premier trimestre 1990. L'Espagne, le Portugal, la Grèce et l'Irlande bénéficieront d'une période de transition qui débutera en janvier 1993 et sera étendue jusqu'au janvier 1997 pour l'Espagne et janvier 1999 pour les autres.

Par cet accord, la libre prestation de services s'applique quasiment à toutes les assurances non-vie. Une distinction est faite entre les grands risques et les risques de masse. On entend par "grands risques" tous les grands risques industriels comme l'incendie et les dommages qui y sont liés (pertes d'exploitation, etc.), pour lesquels la liberté d'assurance est totale. Cependant, le contrat d'assurance d'une entreprise ne pourra entrer dans la catégorie des grands risques que si celle-ci satisfait deux des trois critères prévus : au moins 500 employés, un chiffre d'affaires supérieur ou égal à 24 millions d'Ecus, et un bilan supérieur ou égal à 12,4 millions d'Ecus. Tous les risques qui se trouvent en dessous de ces seuils seront considérés comme des risques de masse. Cependant, à partir du premier janvier 1993, ces niveaux quantitatifs seront diminués de moitié.

Pour les risques de masse, un agrément peut être demandé à la société d'assurance qui désire opérer en libre prestation des services. Les provisions techniques sont constituées aux conditions du pays où le risque est couvert. C'est également la fiscalité de ce pays qui sera appliquée.

Les assurances de personnes sont exclues de cet accord. En effet, les entreprises qui assurent leurs risques à l'étranger sont jugées aptes à apprécier la réglementation et le contrat, tandis que les particuliers n'ont pas forcément la possibilité de maîtriser les subtilités de la réglementation des pays étrangers. Ainsi, en l'absence d'une harmonisation au niveau européen des réglementations, les pouvoirs publics ont préféré temporairement maintenir la réglementation nationale.

Un autre progrès accompli dans les assurances concerne l'assurance-vie. Actuellement, de nombreux Etats membres empêchent leurs ressortissants de prendre une assurance-vie en dehors de leurs frontières. Or, il s'agit d'un marché d'une taille considérable.

La directive qui a été adoptée en décembre 1989, et qui entrera en vigueur le premier janvier 1993, distingue deux régimes :

– un régime libéral, lorsqu'il s'agit de la propre initiative de l'assuré pour contacter un assureur non établi dans l'Etat où il réside ;

– un régime plus protecteur des consommateurs, dans le cas où l'assureur, établi dans un Etat membre, effectue des opérations de démarchage dans d'autres Etats membres. Ici, le contrat d'assurance-vie qui en sera issu sera soumis à la loi de l'Etat de résidence de l'assuré.

Sur le plan fiscal, il a été décidé que le régime fiscal applicable sera celui de l'Etat membre du preneur d'assurance.

Vis-à-vis des pays tiers, la directive innove en prévoyant une clause de réciprocité. Celle-ci est reprise de la clause similaire de la deuxième directive de coordination bancaire. Par ailleurs, la Commission est en train de préparer une proposition qui vise à instaurer une autorisation unique, délivrée par l'Etat du siège social de l'entreprise d'assurance.

C. L'élimination des frontières dans les services de transports

L'élimination des frontières dans les services de transports se traduirait par une réduction substantielle des frais pour le commerce et l'industrie européenne, au-delà d'économies de coût pour le trafic international. Cependant, ceci semble être une tâche difficilement abordable, vu que jusqu'à récemment aucune décision sérieuse n'avait été prise par le Conseil dans ce domaine. L'accès au marché est fortement limité par un ensemble de restrictions pour les transports routiers, maritimes et aériens.

Dans le domaine du transport routier, des réglementations différentes existent dans chaque pays sur le tonnage autorisé, et les tarifs sont très variables. De plus, les transporteurs ne peuvent avoir qu'un nombre limité d'autorisations pour transporter des marchandises entre les Etats. Par ailleurs, un transporteur ne peut pas charger et livrer des marchandises à l'intérieur des frontières d'un autre pays de la Communauté. Non seulement des restrictions quantitatives existent, mais elles sont accompagnées par des restrictions qualitatives comme les règlements de sécurité.

Le Conseil, obligé par une décision de la Cour de justice des Communautés européennes en 1985, a dû prendre certaines initiatives. Ainsi, en 1986, une augmentation de 40 % par an du nombre d'autorisations de transport routier jusqu'en 1992 a été décidée, et d'autres mesures pour libéraliser le transport maritime ont été prises.

Cependant, cet engagement du Conseil n'a pas été suivi par des actes jusqu'en 1988 à cause du blocage allemand. L'Allemagne exigeait que, parallèlement à la libéralisation des transports routiers, soit mise en place une harmonisation dans les autres domaines où existent encore des distorsions de concurrence, essentiellement la fiscalité (taxes routières qui sont perçues sur les autoroutes françaises et italiennes notamment, taxes sur les véhicules, etc.)

Un progrès vers une plus grande ouverture du secteur a été accompli lors du Conseil des ministres en juin 1988. La décision d'augmenter de 40 % les contingents routiers (1986) est devenue effective pour les années 1988 et 1989 (et non pas pour les trois années suivantes, probablement pour apaiser l'industrie allemande du transport routier). Ceci a provoqué une augmentation spectaculaire du contingent communautaire au cours des dernières années.

Cependant, les progrès les plus importants ont été accomplis lors du Conseil de décembre 1989. Le Conseil a décidé de supprimer au premier janvier 1993 toutes les restrictions quantitatives au transport routier de marchandises entre les Etats membres.

De plus, à partir de la même date, le cabotage routier sera opéré de façon totalement libre. A cet effet, des mesures transitoires seront appliquées, la première étant l'accord de 15000 licences de deux mois mensualisables à partir de juillet 1990. Le pourcentage annuel d'augmentation dépendra de la croissance du trafic mais ne devra pas être inférieur à 10 %. Des clauses de sauvegarde sont prévues pour certaines régions et afin d'éviter que les licences ne soient utilisées exclusivement pour le cabotage dans certains Etats membres (pas plus de 30 % des licences de cabotage pour un seul Etat membre). Enfin, les routiers devront respecter les règles de l'Etat où ils exercent le cabotage, concernant : les prix, les poids et dimensions, les règles de circulation, les temps de conduite, la TVA.

Aucune décision n'a été prise pour le transport ferroviaire qui a une nature particulière (fixation des tarifs internationaux par négociations bilatérales et partage du produit par les compagnies nationales participantes).

Les restrictions dans l'aviation civile constituent un handicap à l'"Europe des citoyens". Une comparaison entre les lignes européennes les plus fréquentées et celles analogues aux Etats-Unis montre que les prix sont de 40 à 75 % plus élevés en Europe. D'autre part, alors que 15 % seulement des passagers paient plein tarif aux Etats-Unis, 50 à 60 % des passagers le font dans la Communauté. Les entraves à la concurrence se présentent sous des formes très variées. Les tarifs, le partage des recettes d'exploitation, les capacités et les règles d'accès au marché ont été fixés par des accords bilatéraux entre gouvernements, dans le cadre de la convention de Chicago (1944), et ils n'ont quasiment pas changé depuis.

Cependant, lors du Conseil de décembre 1989, les Douze ont estimé que des progrès significatifs devaient être réalisés jusqu'en 1993 dans les domaines suivants :

– la libéralisation du transport aérien de passagers et de frêt ;

– une politique extérieure prioritaire dans le domaine de l'aviation civile vis-à-vis des pays de l'AELE ;

– une harmonisation technique et sociale qui doit être développée en attribuant la priorité à la sécurité.

Section 4. L'élimination des frontières sur le marché du travail

A. La libre circulation des travailleurs

Le Traité de Rome, conçu à une époque de quasi-plein emploi, pose le principe de la libre circulation des travailleurs à l'intérieur de la Communauté dans son article 48. Ainsi, tous les ressortissants de la Communauté ont le droit de travailler ou de s'établir dans tout Etat membre. La réalisation effective de cette libre circulation s'est faite par étapes. Dans une première étape, on n'embauchait un travailleur de la CEE que si un candidat national ne se présentait pas pour le poste dans un certain délai. Par la suite, on a supprimé ce principe de priorité aux travailleurs nationaux et, depuis 1968, les travailleurs de la Communauté sont prioritaires par rapport à ceux des pays tiers. Actuellement, les barrières directes à la migration des travailleurs n'existent que pour l'Espagne et le Portugal, dont les ressortissants sont tenus d'avoir un permis jusqu'en 1993 pour travailler dans les autres pays membres.

Au cours des années 1970, l'ampleur des mouvements migratoires a beaucoup diminué, et l'Italie a même connu un mouvement de retour au pays dans la dernière décennie. Au début des années 1980, la part des travailleurs en provenance d'autres Etats membres dans la population active des principaux pays de la Communauté (alors limitée à dix membres) était de 5,2 % en Belgique, 2,4 % au Royaume-Uni, 1,6 % en R.F.A. et d'un peu plus de 1 % en France et aux Pays-Bas (P. Maillet & P. Rollet, 1988).

Dans le cadre des flux nets de travailleurs migrants d'une région en difficulté vers une région en expansion, la mobilité de la main-d'œuvre peut être bénéfique à l'ensemble de l'économie concernée. Lorsque la productivité marginale du travail varie d'une région à l'autre, la migration accroît le revenu des travailleurs et, par la même occasion, celui de l'ensemble de l'économie. Par ailleurs, si les taux de change sont suffisament stables, les mutations structurelles peuvent être facilitées par la mobilité de la main-d'œuvre. Ainsi, pour une restructuration efficace de l'économie européenne, cette mobilité que l'on peut qualifier d'"inter-industrielle" (rapport Padoa Schioppa) peut s'avèrer utile.

Cependant, une autre migration, de nature "intra-industrielle", semble mieux adaptée aux besoins actuels de l'Europe communautaire. Il s'agit de déplacements des personnes qui possèdent des qualifications particulières. Ce type de migration ne se traduit pas par un flux migratoire net particulièrement significatif et, par conséquent, ne pose pas les problèmes politiques de la migration de masse. De plus, l'instauration des conditions de véritable compétitivité de la main-d'œuvre qualifiée, par le biais de cette mobilité, peut entraîner un effet d'accroissement de la concurrence et de la spécialisation aux niveaux fins de l'activité économique. Ceci ne peut que servir au mieux les échanges intra-industriels qui jouent un rôle prédominant dans le commerce communautaire. Dans ce domaine, les efforts de la Communauté pour établir une équivalence des qualifications professionnelles, par la reconnaissance mutuelle des diplômes entre les Etats, contribueront à éliminer les barrières.

B. L'Europe sociale

Le Traité de Rome, complété par l'Acte unique, prévoit la nécessité d'assurer une cohésion économique et sociale. Cependant, les progrès accomplis dans le domaine social, jusqu'à nos jours, ont été très éloignés de ceux qui concernent le commerce européen. Car la construction de l'Europe sociale implique des changements au niveau des salaires, des régimes de sécurité sociale et des législations de travail, qui sont déjà difficiles à mettre en œuvre à l'intérieur d'une économie nationale.

Les premiers pas vers une Europe sociale ont été faits en 1960 dans le cadre du Fonds social européen. Il s'agissait alors de venir en aide aux travailleurs et entreprises touchés par les mutations structurelles découlant de l'intensification des échanges (cas de l'acier et du charbon à cette époque), en facilitant leur reconversion. Par la suite, une coordination des régimes nationaux de sécurité sociale a été mise au point pour que les travailleurs migrants des Etats membres ne soient pas sujets à des discriminations par rapport à leurs collègues nationaux. Récemment, de nouveaux progrès ont été réalisés en ce qui concerne la préservation de l'hygiène et de la sécurité dans les lieux du travail au niveau de la Communauté. Cependant, toutes ces initiatives éparpillées n'ont pas constitué les éléments d'un réel programme pour la construction d'une Europe sociale.

Suivant le Traité de Rome, la convergence des évolutions et des politiques sociales des Etats membres ne peut s'effectuer que dans le sens du progrès. Or les régimes de sécurité sociale, comme les législations du travail, affectent le niveau de l'emploi. Dans un contexte initial de fort déséquilibre sur les marchés de l'emploi, caractérisé par des taux de chômage élevés, l'alignement des normes sociales des pays où elles sont relativement basses sur les régimes les plus complets est quasiment impossible. Un tel alignement impliquerait non seulement une charge budgétaire considérable, mais aussi compromettrait la compétitivité de ces pays, et donc entraverait la cohésion économique européenne. En outre, l'efficacité des régimes les plus complets – comme celui de la France – est sujette à des controverses depuis quelque temps, car de tels régimes se traduisent par des coûts de plus en plus élevés pour les économies nationales.

Une autre question importante est celle de savoir qui sera responsable de la convergence des normes sociales. Dans ce domaine, la Communauté doit respecter le principe de "subsidiarité", ce qui signifie qu'il ne faut pas faire au niveau communautaire ce qui pourrait être réalisé à un autre niveau, en l'occurrence au niveau national. Il incombe seulement aux instances communautaires d'intervenir par une utilisation efficace des fonds structurels, afin d'assurer la mobilité des travailleurs et les programmes de formation professionnelle, dans le cadre des restructurations et de la réduction des disparités régionales. Par ailleurs, au niveau européen, l'harmonisation des législations de travail et des régimes de sécurité sociale ne peut pas se faire sans un dialogue interprofessionnel, alors même qu'au niveau national ce type d'approche a tendance à régresser par rapport au dialogue au sein de l'entreprise.

Ainsi, il est souhaitable que l'objectif d'assurer le plein emploi avec une bonne protection sociale soit atteint par les efforts des gouvernements au niveau national, en espèrant que les actions révélant leur efficacité susciteront une relative convergence au niveau communautaire. Car, sans cette convergence, c'est l'idée même d'une Europe unifiée qui est en cause. Tant que les régimes de protection sociale restent divergents, les niveaux de salaires varient amplement d'un pays à l'autre, et l'union économique et monétaire ne peut être pleinement réalisée (cf. Chapitre IV).

C. La Charte communautaire des droits sociaux fondamentaux des travailleurs

Conscients de l'importance de la cohésion sociale européenne, onze des Douze pays membres ont signé en décembre 1989 une Charte sociale. Celle-ci exprime la volonté de ses signataires de donner aux aspects sociaux la même importance qu'aux aspects économiques et de faire évoluer les deux de façon équilibrée.

Les grandes lignes de la Charte sociale sont les suivantes :

– L'amélioration des conditions de vie et de travail, qui doit s'effectuer par un rapprochement dans le sens du progrès, concerne la fixation d'une durée maximale de travail par semaine, applicable à l'ensemble des travailleurs, quel que soit leur type de contrat de travail.

– Le droit à la libre circulation des travailleurs comprend l'harmonisation des droits de séjour dans les Etats membres, la suppression des obstacles résultant de la non reconnaissance des diplômes, et le droit à la protection sociale du pays d'accueil.

– Le droit à la rémunération postule que tout emploi doit être justement rémunéré.

– Le droit à la protection sociale, applicable à tous les travailleurs quelle que soit la taille de leur entreprise, prévoit également un revenu minimum pour les travailleurs exclus du marché du travail.

– Le droit à la liberté d'association et à la négociation collective concerne tous les niveaux du dialogue social, du droit de grève à la liberté syndicale.

– Le droit à la formation professionnelle implique le droit à la poursuite de celle-ci pour tous les travailleurs.

– Le droit à l'égalité de traitement entre les hommes et les femmes vise à intensifier les actions pour garantir la mise en œuvre de l'égalité entre les deux sexes notamment pour l'accès à l'emploi, la rémunération, les conditions de travail, la protection sociale, l'éducation, la formation professionnelle et l'évolution des carrières.

– Le droit à l'information, à la consultation et à la participation des travailleurs implique le développement des pratiques concernées dans l'ensemble de la Communauté, et leur mise en œuvre lors de l'introduction de changements technologiques de grande ampleur, de restructurations ou de fusions des entreprises, et de licenciements collectifs.

– Le droit à la protection de la santé et de la sécurité dans le milieu du travail prévoit l'harmonisation des conditions existantes dans ce domaine.

– La protection des enfants et des adolescents vise à assurer la formation des personnes concernées pour leur insertion professionnelle, fixe l'âge minimum d'admission au travail à 16 ans, et prévoit un salaire équitable pour ceux qui exercent un emploi.

– Pour les personnes âgées qui n'auraient pas d'autres moyens de subsistance suffisants, la Charte prévoit un revenu minimum.

– Enfin, la Charte implique l'élaboration des mesures spécifiques en matière de formation, d'insertion et de réadaptation professionnelle des personnes handicapées.

Les signataires précisent que ces mesures devront être mises en œuvre conformément au principe de subsidiarité, avec la plus large participation possible des partenaires sociaux.

La Charte sociale a été adoptée par les chefs d'Etat et de gouvernement de onze Etats membres, le Royaume-Uni étant le seul à s'y être opposé. Cette Charte n'élargit aucunement les compétences communautaires dans le domaine social, puisqu'elle n'a pas de statut juridique. Son apport est donc essentiellement politique. La mise en œuvre du programme d'action prévu par la Commission implique, en effet, une procédure délicate de concertation entre le Conseil, le Parlement européen, le Comité économique et social et les partenaires sociaux, avant l'adoption des directives nécessaires.

Section 5. L'élimination des frontières sur le marché des capitaux

Le marché unique ne peut réaliser une allocation efficace des ressources que si les marchés des capitaux sont ouverts et compétitifs. Actuellement, le principe de la liberté des mouvements de capitaux n'est pas entièrement appliqué sur le territoire communautaire, et le degré d'ouverture des marchés varie d'un pays membre à l'autre. Les entreprises sont relativement restreintes dans leur stratégie commerciale et d'investissement, compte-tenu du compartimentage des marchés de capitaux dans le cadre des territoires nationaux. Les mêmes barrières se traduisent par une mauvaise répartition de l'épargne européenne. Cependant la levée de ces entraves est déjà réalisée dans certains pays et, suivant le calendrier prévu par la Commission, la majorité des pays de la Communauté vont entièrement ouvrir leur marchés des capitaux avant la fin de 1992.

A. Le marché européen des capitaux

Paradoxalement, alors que le marché mondial des capitaux est très intégré, celui de l'Europe est resté compartimenté malgré la volonté d'intégration économique. Ceci tient, en grande partie, à l'étendue des conséquences qu'implique un marché unifié des capitaux. Celles-ci peuvent être regroupées en trois volets :

(1) une libération des opérations en capital telles que les investissements directs, qui découlera directement de l'unification du marché européen ;

(2) une libération des titres financiers tels que les obligations et les actions, qui contribuera à instaurer un marché financier unifié en mettant en concurrence les marchés nationaux ;

(3) une libération des opérations de crédits financiers qui ne sont pas liées à des transactions commerciales ou qui concernent les instruments du marché monétaire.

C'est surtout ce dernier volet qui a conduit la majorité des pays membres à maintenir des restrictions sur leur marché, par souci de préserver l'autonomie de leur politique monétaire, malgré les directives du Conseil. Ainsi, à la fin des années 70, seule l'Allemagne fédérale avait un marché des capitaux entièrement ouvert au sein de l'Europe communautaire.

A défaut d'un marché intégré au niveau européen, les monnaies des Etats membres ont pris place à côté des eurodollars sur le marché extraterritorial des capitaux. En 1985, le marché monétaire international en monnaies des Etats membres et en Ecus dépassait 260 milliards d'Ecus ; le marché monétaire des euro-DM représentait 35 % de la masse monétaire (M3) allemande ; les émissions d'obligations en monnaies européennes sur le marché obligataire international s'élevaient à plus de 320 milliards d'Ecus, contre 335 milliards d'Ecus d'émissions obligataires nationales dans les Etats membres, hormis la Belgique et le Luxembourg (cf. rapport Padoa-Schioppa).

Depuis la signature de l'Acte Unique, les pays européens ont intensifié leurs efforts pour libéraliser les mouvements de capitaux.

– L'Allemagne fédérale, le Royaume-Uni et les Pays-Bas ont été les premiers à posséder des marchés totalement ouverts ; le Danemark les a suivi de très près, puis la France au début de 1990. Pour la Belgique et le Luxembourg, qui ont un degré d'ouverture très grand, la liberté des mouvements est complète depuis la suppression du double marché des changes qui est intervenue le 2 mars 1990. L'ouverture sera achevée en juillet prochain pour l'Italie.

– L'échéance fixée pour l'Espagne et l'Irlande va jusqu'à fin 92, et elle est repoussée à plus tard (fin 95) pour le Portugal et la Grèce. Des clauses de sauvegarde sont cependant prévues en cas de difficultés graves pour recourir à des contrôles des changes, les délais accordés pour ces mesures ne pouvant pas dépasser six mois.

B. Les actions communautaires

Au sein de la Communauté, les flux nets de capitaux entre les pays membres sont de faible importance par rapport aux flux bruts, car les flux réciproques sont d'ampleurs comparables. Dans ce contexte, la Commission a fixé un programme dont la première étape consiste à libéraliser toutes les opérations liées au bon fonctionnement du marché commun : il s'agit de lever les barrières à l'interconnexion des marchés nationaux des titres financiers.

Dans ce but, en 1986, le contenu des catégories de transactions qui devaient être libérées a été élargi : les émissions d'obligations et d'actions, ainsi que les crédits commerciaux à long terme, y ont été ajoutés. Par ailleurs, l'harmonisation de certaines prescriptions réglementaires est en cours dans le domaine du droit des sociétés, de la présentation et de la vérification des comptes, afin de faciliter l'accès des entreprises aux marchés des capitaux des autres Etats membres. De même, la Commission se préoccupe de l'harmonisation des systèmes d'imposition des bénéfices sur les sociétés. Ces derniers peuvent introduire des distorsions dans le système financier en détournant les flux de capitaux vers des utilisations moins efficaces.

La deuxième étape du programme conduit à une libéralisation complète des mouvements de capitaux. La suppression des contrôles des changes s'inscrit dans ce contexte. Ces opérations ont d'ores et déjà des incidences sur les politiques budgétaires, puisque la concurrence entre les Etats tend à les aligner sur le système fiscal le plus avantageux pour les détenteurs de capitaux. En outre, une coordination poussée des politiques économiques est nécessaire afin d'assurer une stabilité des taux de change à l'intérieur de l'Europe.

Chapitre IV

La régulation monétaire et budgétaire dans la Communauté

Section 1. Les premières formes d'organisation monétaire

A. L'évolution monétaire jusqu'à la mise en place du SME

Le Traité de Rome, qui a institué en 1957 la Communauté économique européenne et ses institutions associées, ne contenait pas de disposition monétaire contraignante. Aucun objectif de politique monétaire, aucun mécanisme communautaire, ainsi qu'aucune institution dotée de pouvoirs propres n'étaient prévus en ce domaine. Grâce au système de Bretton Woods (taux de change fixes mais ajustables) qui assurait une stabilité des changes au niveau mondial, cette carence n'a pas posé de problèmes monétaires à l'Europe des Six jusqu'à la fin des années 60. Ainsi la Communauté a-t-elle connu, pendant sa première phase de construction, dix années de croissance équilibrée, sans inflation ni chômage, dans un environnement international stable.

La déstabilisation du Système Monétaire International (SMI) au début des années 70 a conduit les économies européennes à adopter des taux de changes flottants. Pour la plupart des pays de la Communauté, cette décision n'a pas été accompagnée par un contrôle suffisamment sévère de la masse monétaire. Cependant, l'Allemagne fédérale a su lutter contre le laxisme monétaire, contrairement à d'autres pays de la CEE. L'abandon des parités fixes s'est matérialisé par une série d'entraves à la construction du marché européen. Les mouvements des capitaux ont été affectés de façon négative par les variations imprévues des taux de change, et les investissements à l'étranger ont été soumis à l'incertitude dans le marché communautaire. Le fonctionnement du marché commun a ainsi été perturbé par des conditions de concurrence opaques et inégales.

Par ailleurs, les fluctuations non concertées des monnaies européennes, par rapport au dollar américain, ont contribué à accroître le pouvoir des Etats-Unis au sein du SMI. Ainsi, comme le souligne R. de la Genière (1987), "l'Europe n'étant pas monétairement représentée a vu son poids monétaire ramené en deçà de son poids économique".

Pourtant, dès 1971, les chefs d'Etat de la Communauté avaient décidé d'engager un processus menant à l'union monétaire. Le Plan Werner, préparé dans ce but, avait été adopté par le Conseil. Dans l'immédiat, ce plan préconisait de fixer des taux de change intracommunautaires avec des marges de fluctuations faibles, en établissant des mécanismes d'intervention à la marge. La fixité des taux de change intracommunautaires, une politique monétaire étroitement coordonnée et supervisée par une institution commune, ainsi que la liberté complète des mouvements des capitaux, devaient être réalisés dans les dix ans à venir.

Ce premier projet d'union monétaire a dû être abandonné à cause des tensions internationales, mais un dispositif européen de marges communes, dit le "serpent", a été mis en place en 1972. Les Banques centrales devaient intervenir de façon concertée pour maintenir les monnaies communautaires dans une bande étroite de 2,25 % de part et d'autre d'une parité centrale. De telles interventions devaient être financées par un système de crédit entre les Banques centrales. C'est ainsi que le Fonds Européen de Coopération Monétaire (FECOM) a été instauré en 1973.

Le "serpent" n'a pu fonctionner pleinement que pendant une courte période. Y avaient participé, au départ, les six pays fondateurs de la Communauté ainsi que le Royaume-Uni (alors en cours d'adhésion), et quatre autres pays européens les avaient rejoints par la suite. Avec la détérioration de l'équilibre extérieur des pays membres et l'accroissement des taux d'inflation, consécutifs au premier choc pétrolier, les divergences au sein de la Communauté se sont aggravées. Plusieurs pays ont progressivement quitté le "serpent" monétaire, et seuls la RFA et les pays du Benelux (Belgique, Pays-Bas, Luxembourg) y sont restés jusqu'à la fin.

Dans ce contexte, le risque d'éclatement de la Communauté était grand. Une convergence des volontés politiques de la France et de l'Allemagne fédérale, sous la pression d'un dollar instable, a conduit les pays membres à signer l'accord de décembre 1978 sur la création du Système Monétaire Européen (SME).

B. Le SME : une réussite partielle

Le Système Monétaire Européen se base sur les mêmes principes techniques que le serpent, mais il se distingue de celui-ci par deux aspects. D'une part, il a été doté d'un numéraire, l'Ecu, d'autre part, il avait été prévu qu'après deux ans de fonctionnement, il devait entrer dans "une phase institutionnelle" qui assurerait une transition vers l'union monétaire européenne. C'est la volonté politique, symbolisée par ces deux aspects, qui a fait vivre le SME, contrairement au "serpent" qui comportait uniquement des règles techniques.

L'Ecu, panier des monnaies des Etats membres, est la monnaie de compte du mécanisme de taux de change. Il est émis par le FECOM au profit des Banques centrales des pays participants, en contrepartie de 20 % de leurs réserves en or et en dollars. Les opérations de crédit relatives aux interventions peuvent être réglées en Ecus. Par ailleurs les comptes de la Communauté et de la Banque européenne d'investissement sont établis en cette monnaie. Cependant, l'utilisation de l'Ecu par ces organismes est restée plus limitée que prévu. Les Banques centrales ont préféré intervenir à l'intérieur des marges avec les monnaies nationales de la Communauté ou avec le dollar américain.

Par contre, les besoins en Ecus ont augmenté, compte-tenu d'autres utilisations qui se sont créées au cours du temps, indépendamment des autorités communautaires. Etant donné que l'Ecu est une monnaie plus stable que chacune des monnaies nationales qui entre dans sa composition, les marchés ont spontanément créé un "écu privé", panier identique des devises, destiné non seulement à libeller des emprunts obligataires, des prêts et des dépôts, mais aussi à facturer des opérations commerciales et à effectuer des paiements. Dans sa version "privée", l'Ecu n'est donc pas une simple monnaie de compte, et son contrôle échappe aux autorités monétaires publiques. Les opérateurs privés ont rencontré dans un premier temps des obstacles réglementaires à l'utilisation de l'Ecu privé, mais ceux-ci ont pratiquement disparu avec la libéralisation progressive des mouvements de capitaux. Toutes les Banques centrales reconnaissent actuellement le statut d'une devise à l'Ecu privé.

Le principal objectif du SME, qui est de créer une zone européenne de stabilité des changes, repose sur un dispositif efficace de coopération monétaire. Chaque monnaie a un cours-pivot rattaché à l'Ecu, et une grille de cours-pivots est déterminée par accord de toutes les Banques centrales participantes. Autour de ces cours bilatéraux, des marges réduites de fluctuation sont fixées (plus ou moins 2,25 %), à l'exception de certaines monnaies (une marge de plus ou moins 6 % s'est appliquée à la lire italienne jusqu'en janvier 1990, et elle est toujours en vigueur pour la peseta espagnole). Un "seuil de divergence" est fixé pour chaque monnaie, et son franchissement déclenche la mise en œuvre d'une série de mesures pour maintenir le taux de change à l'intérieur de la marge admise. Les interventions des Banques centrales sont facilitées par un système de crédit à travers le FECOM. Seules la livre sterling, la drachme grecque et l'escudo portugais ne participent pas au mécanisme de stabilisation des taux de change bien que ces monnaies soient incluses dans le calcul de l'Ecu.

Le SME existe depuis dix ans et, depuis sa mise en place, il a bien su résister à de grandes tensions au niveau international : le deuxième choc pétrolier, les fluctuations du dollar, la crise de surendettement, l'émergence des nouveaux pays industriels d'Asie au sein de la concurrence internationale. En dépit de réajustements périodiques, les fluctuations de change ont été moins amples à l'intérieur du système qu'à l'extérieur. Par exemple, de juin 1979 à mars 1985, le dollar a augmenté par rapport au franc de 150 %, pour perdre ensuite 50 % jusqu'à l'automne 1986 ; pendant toute cette période, le deutsche mark ne s'est apprécié par rapport au franc que de 33 % (R. de la Genière, 1987). Par ailleurs, autour du mark qui représente le point d'ancrage au sein du SME, il y a eu une véritable convergence des politiques économiques dans le sens d'une plus grande stabilité monétaire, donc avec une moindre inflation.

Cependant, le fonctionnement du SME ne comporte pas que des aspects positifs. Les fluctuations des monnaies qui n'entrent pas dans la discipline commune de change – en particulier la livre sterling – affectent l'Ecu. Les contrôles des changes, bien qu'assouplis, existent encore dans certains pays. L'Ecu privé échappe au contrôle des Banques centrales et, à terme, peut nuire à l'efficacité des politiques monétaires. La seconde phase, qui était prévue pour 1981, n'a toujours pas débuté. Et surtout, la prédominance du deutsche Mark tend à imposer à l'ensemble de la Communauté des règles définies en fonction du seul intérêt de l'Allemagne fédérale, la transformant de facto en une zone Mark.

A un moment où les conditions de réalisation du marché unique commençaient à se concrétiser, il est ainsi apparu que, sous sa forme actuelle, le SME ne pouvait satisfaire toutes les exigences d'une intégration européenne de plus en plus poussée. Celle-ci, dans sa forme complète, implique une union économique et monétaire : la liberté totale de circulation des personnes, des biens, des services et des capitaux, la fixité irrévocable des taux de change dans la Communauté et, dans sa phase ultime, une unité monétaire unique. En tant que tel, le SME ne fournit pas une politique monétaire commune, définie par une institution communautaire, et il offre encore moins le degré élevé de coordination des politiques budgétaires nationales qui devrait accompagner une totale intégration économique. Le Conseil, réuni à Hanovre en juin 1988, a manifesté la volonté de surmonter ces obstacles et, sur sa demande, le rapport du comité Delors sur "l'union économique et monétaire dans la Communauté européenne" a été présenté dans ce but en avril 1989.

Section 2. Le Plan Delors et l'intégration européenne

La phase institutionnelle du SME – qui devait constituer un pas décisif dans la constitution de l'union monétaire européenne – était prévue depuis 1978, mais ses caractéristiques n'avaient jamais été précisées par les autorités communautaires. Le Plan Delors comble cette lacune en proposant un programme d'intégration économique et monétaire, dans lequel sont clairement définis l'objectif de l'union monétaire, les nouvelles institutions nécessaires et les instruments pour y parvenir.

Le rapport considère que, malgré des progrès substantiels, le processus d'intégration comporte des failles importantes. Une plus grande convergence des politiques économiques est nécessaire. A terme, le renforcement de la politique régionale et de la politique structurelle de la Communauté doit s'imposer pour assurer un développement équilibré des pays membres. L'union économique et monétaire va ainsi au-delà du programme du marché unique.

Un processus de décision collectif, qui respecte le principe de subsidiarité, est nécessaire. Cependant, à la différence des composantes d'un ensemble fédéral, les Etats membres de l'union européenne veulent rester des nations distinctes pour conserver leurs caractéristiques économiques, sociales, culturelles et politiques. Ceci exige une approche novatrice, menant à un équilibre entre les compétences nationales et celles de la Communauté.

Le rapport souligne que trois conditions sont nécessaires pour qu'il y ait une union monétaire : la convertibilité totale et irréversible des monnaies entre elles ; la liberté complète des mouvements de capitaux ; la fixation irrévocable des taux de change intracommunautaires. L'union économique et l'union monétaire, faisant partie intégrante d'un tout, doivent être réalisées en parallèle.

Le rapport signale que l'union monétaire n'est concevable que si un degré élevé de convergence économique est atteint. L'union économique implique la mise en œuvre combinée de plusieurs volets :

– la réalisation du marché unique, où la liberté des personnes et des facteurs de production serait totalement réalisée ;

– le renforcement des jeux de marché par une politique de concurrence et d'autres mesures d'accompagnement ;

– l'ajustement sectoriel et régional par une politique commune ;

– la coordination macroéconomique, avec des règles contraignantes en matière budgétaire.

Le processus menant à l'intégration économique et monétaire doit comporter plusieurs étapes. Cependant, les délais de passage d'une étape à l'autre ne sont pas explicitement fixés, tout dépendra de la rapidité des progrès qui auront été accomplis à la fin de chacune d'entre elles.

A. La première étape

Celle-ci doit commencer le premier juillet 1990, au moment de l'entrée en vigueur de la directive sur la libéralisation complète des mouvements de capitaux (cette date a été confirmée, par la suite, dans la déclaration du Conseil européen de juin 1989 à Madrid). C'est la phase d'engagement du processus. Le but est d'accroître la convergence des performances nationales par le renforcement de la coordination des politiques économiques et monétaires, sans changement du cadre institutionnel en place.

Ceci implique, dans le domaine économique, l'achèvement du marché intérieur avec l'application effective des réformes structurelles et le renforcement de la coordination des politiques budgétaires. Pour ce dernier point est prévue l'instauration d'une surveillance multilatérale de l'évolution des politiques économiques, sur la base d'indicateurs arrêtés en commun. Sont visés, dans le domaine monétaire, la suppression de tous les obstacles à l'intégration financière et le renforcement de la coopération et de la coordination des politiques monétaires, avec une autonomie plus grande des Banques centrales.

Dans ce cadre, toutes les monnaies de la Communauté devraient participer au mécanisme de change du SME. L'usage de l'Ecu privé ne rencontrerait plus d'obstacles. Enfin, le comité des gouverneurs des Banques centrales serait doté de pouvoirs élargis : il adresserait au Conseil des ministres des avis sur les politiques susceptibles d'affecter la situation monétaire de la Communauté, et en particulier le fonctionnement du SME ; il coifferait trois sous-comités, chargés respectivement de la politique monétaire, de la politique des changes et de la surveillance bancaire, et dotés d'un personnel de recherche permanent.

B. La deuxième étape

Portant surtout sur des réformes institutionnelles, la deuxième étape ne pourrait débuter qu'avec l'entrée en vigueur d'un nouveau Traité, établissant en particulier le Système Européen des Banques Centrales (SEBC). Ce SEBC assurerait une politique monétaire unique ; composé d'une institution centrale (dotée de son propre bilan) et des Banques centrales des pays membres, il se présenterait comme une institution communautaire autonome, aux côtés de la Commission, du Parlement, de la Cour de Justice et de la Banque européenne d'investissement ; il serait chargé de la mise en œuvre de la politique monétaire et de la gestion des taux de change, ainsi que des réserves, avec l'objectif de la stabilité des prix ; il disposerait d'instruments lui permettant de mener des opérations de Banque centrale sur les marchés monétaire et cambiaire, ainsi que d'exercer des pouvoirs réglementaires.

Le SEBC serait de type fédéral avec, à sa tête, un Conseil composé des gouverneurs des Banques centrales et des membres du Directoire désignés par le Conseil européen. Ce Conseil serait indépendant des gouvernements nationaux comme des autorités communautaires. Mais le SEBC, qui aurait tout à la fois les fonctions du FECOM, du Comité des gouverneurs des banques centrales et de ses sous-comités, ainsi que du Secrétariat permanent, assumerait ses fonctions progressivement.

La deuxième étape est ainsi conçue une phase d'apprentissage, assurant la transition vers l'étape finale. Les décisions seraient toujours prises par les autorités nationales. Dans le domaine économique, un renforcement des ressources pour les politiques sectorielle et régionale serait possible. Dans le domaine monétaire, les réaménagements de taux de change ne seraient plus envisageables qu'à titre exceptionnel. Les marges de fluctuations seraient progressivement réduites, voire éliminées à l'approche de la dernière étape.

C. La troisième étape

La troisième étape serait marquée par le passage à des parités irrévocablement fixes, accompagné d'un pouvoir véritable des institutions monétaires communautaires. Son aboutissement serait matérialisé par une monnaie unique à la place des monnaies nationales. Les institutions communautaires pourraient imposer des contraintes aux budgets nationaux, opérer des modifications en matière d'emploi des ressources communautaires pour atteindre les objectifs des politiques structurelle et régionale. L'Ecu pourrait devenir la monnaie unique. Par son utilisation, la Communauté européenne interviendrait dans le processus de coopération internationale et dans les négociations au niveau mondial.

Section 3. L'aspect budgétaire de l'intégration européenne

A. Le budget communautaire

a. Le système des ressources propres

Avant 1970, les contributions financières des Etats accordaient le pouvoir budgétaire aux pays membres et, par conséquent, s'inscrivaient mal dans la logique de l'intégration. Depuis cette date, elles ont été remplacées par un système de ressources propres, donnant une plus grande autonomie aux autorités communautaires.

Jusqu'en 1988, les ressources propres étaient constituées des recettes suivantes :

(1) les droits du tarif douanier commun et les autres droits établis par les institutions de la Communauté sur les échanges avec les pays tiers ;

(2) les recettes résultant du fonctionnement de la politique agricole commune (prélèvements à l'importation) ;

(3) les ressources provenant de la taxe sur la valeur ajoutée (1,4 % d'une assiette déterminée de façon uniforme pour tous les Etats membres).

Les deux premières ressources propres, dites "traditionnelles", constituent environ un tiers des ressources propres, tandis que l'appel au titre de la TVA en représente les deux tiers. L'autonomie financière de la Communauté est limitée car les institutions communautaires ne maîtrisent pas totalement l'évolution des recettes. En ce qui concerne les ressources propres, le problème vient en effet de l'érosion de leur base : d'une part, les droits de douane et les prélèvements obligatoires sont en diminution structurelle "sous l'effet conjugué d'une réduction multilatérale des droits à l'importation et de l'autosuffisance croissante de la Communauté dans le domaine agricole" (cf. Commission, 1/87) ; d'autre part, la base choisie de la TVA augmente moins vite que le PIB des Etats membres.

b. Les dépenses budgétaires

Le budget de la Communauté est également affecté par une mauvaise gestion des dépenses, en particulier dans le domaine agricole. Les principes de base de la politique agricole commune (PAC) sont la préférence communautaire, l'unité du marché et la solidarité financière, à partir d'une fixation communautaire des prix. Depuis l'élaboration de la PAC, ces principes n'ont pas changé alors que le contexte économique général et la situation des marchés agricoles se sont radicalement modifiés. Pour certains produits, le niveau trop élevé des prix européens conduit à l'accumulation d'excédents dont le coût est de plus en plus lourd pour la Communauté.

Actuellement, les subventions directes ou indirectes représentent plus de la moitié du revenu net du secteur agricole, selon le rapport Padoa-Schioppa (page 130) ; il s'agit là d'une "interversion de rôles entre les instances communautaires et les Etats membres, contrairement aux principes fondamentaux de subsidiarité et d'avantage comparatif. En fait, les mécanismes de la PAC sont aussi devenus une technique de plus en plus inefficace de la politique de redistribution des revenus".

L'importance des dépenses agricoles dans le budget communautaire limite ainsi celle des autres politiques. Ce problème n'est cependant pas le seul qui se pose sur le plan des dépenses communautaires. Souvent, pour des raisons administatives ou politiques, la mise en œuvre de certaines dépenses (en particulier celles pour les restructurations) a été décalée dans le temps. Au cours d'une même année, la Communauté doit donc faire face à la fois aux demandes de paiement au titre de ses engagements passés et à celles au titre de nouveaux engagements. Les récentes réformes budgétaires ont amélioré les procédures, mais le poids du passé continue à peser sur les finances communautaires.

B. La réforme de février 1988

L'épuisement des ressources propres et la mauvaise maîtrise des dépenses ont conduit le Conseil à procéder à une réforme du budget communautaire, dans le cadre de l'accord de Bruxelles en février 1988.

a. L'augmentation des ressources

En raison du déficit structurel du budget communautaire depuis 1984, le Conseil a dû ajouter une quatrième ressource, proportionnelle au poids de chaque pays dans le PNB de la

Tableau 8 :
Budget prévisionnel de la Communauté

(en milliards d'Ecus de 1988)	1988	1992
Dépenses agricoles	**28,7**	**31,6**
dont :		
FEOGA Section "Garantie"	27,5	29,6
Financement des mesures de déstockage	1,2	1,4
Aides au revenu	0,0	0,6
Actions structurelles	**7,8**	**13,0**
dont :		
Fonds structurels	7,7	12,9
PEDIP (Programme européen de développement industriel au Portugal)	0,1	0,1
Autres postes	**7,6**	**8,2**
dont :		
Politiques à dotations pluriannuelles (Recherche - PIM)	1,4	2,4
Autres politiques	1,7	2,8
Remboursements et administrations	3,5	2,0
Réserve monétaire	1,0	1,0
Total	**44,1**	**52,8**

Source : Conseil européen (1988)

C. Le rôle des fonds structurels

Les fonds structurels ont fait l'objet d'une réforme récente, dont les grandes lignes ont été dessinées par la Commission en 1987, et dont la mise en application a été décidée par le Conseil en 1988. Cette réforme peut être résumée en trois points :

– une concentration des priorités dans un nombre limité d'objectifs ;

– la préférence aux financements par programmes plutôt que par projets ;

– le doublement en termes réels du montant des ressources budgétaires qui leur est consacré jusqu'en 1992.

Communauté. Cette quatrième ressource prend p
côtés des trois autres. De cette façon, l'évolution d
communautaire sera désormais liée à celle du
l'ensemble des pays membres. Ceci peut être une
étape dans la transformation du système budgétai
basé essentiellement sur la TVA, en un système fon
PNB communautaire. Par ailleurs, le Conseil a é
décidé d'inclure, dans les ressources propres tradit
les droits de douane CECA (Communauté europé
charbon et de l'acier).

b. La maîtrise des dépenses budgétaires

(1) Pour les dépenses agricoles, un plafond de c
(74 % du taux de croissance du PNB) a été fixé.
mesures ont été prévues pour limiter la pro
notamment par l'abandon temporaire des terres. En
soutien du développement rural, l'adaptatio
diversification des produits agricoles dans les
touchées par la réforme de la PAC, se situent dans les
des fonds structurels.

(2) Dans le cadre d'une meilleure discipline budg
principes d'annualité des crédits d'engagement et de
ont été renforcés pour qu'ils ne soient plus
automatiquement.

(3) Une réforme des fonds structurels a égale
signée lors de cet accord (voir infra).

c. Les prévisions budgétaires pour 1992

Le budget communautaire s'élevait à 44,1 milliard
en 1988. Près des deux tiers de ce montant étaient co
l'agriculture, dont 62,4 % au FEOGA Section "G
c'est-à-dire aux dépenses découlant directement de
alors que les actions structurelles occupaient mo
cinquième (17,7 %) du même budget. La restruc
budgétaire prévue va dans le sens d'une diminution d
des dépenses agricoles (56 % du budget pour FEOGA
"Garantie" pour 1992) et d'une croissance nota
ressources consacrés aux actions structurelles (24
budget 1992) (tableau 8).

Les objectifs prioritaires sont les suivants :

(1) promouvoir le développement et l'ajustement structurel des régions en retard de développement ;

(2) reconvertir les régions, régions frontalières ou parties de régions (y compris les bassins d'emploi et les communautés urbaines) qui sont gravement affectées par le déclin industriel ;

(3) combattre le chômage de longue durée ;

(4) faciliter l'insertion professionnelle des jeunes ;

(5) accélérer l'adaptation des structures agricoles et promouvoir le développement des régions rurales, dans la perspective de la réforme de la politique agricole commune.

La réalisation de ces objectifs incombera, suivant leur spécificité, au Fonds Européen de Développement Régional (FEDER), au Fonds Social Européen (FSE) et à la section "Orientation" du Fonds Européen d'Orientation et de Garantie Agricole (FEOGA). Les opérations des trois fonds se feront en coopération avec la Banque Européenne d'Investissement (BEI), l'institution communautaire de crédit à long terme, et compte tenu des autres instruments de prêts gérés par la Commission (CECA, NIC, EURATOM).

Le premier objectif (rattrapage des régions en retard de développement) est considéré comme primordial par la Commission. C'est le seul qui nécessite une combinaison d'actions des trois fonds à la fois. Les régions concernées sont celles dont le revenu par habitant est inférieur à 75 % de la moyenne communautaire, ainsi que l'Irlande du Nord, les départements français d'outre-mer et d'autres régions qui sont incluses dans la liste pour des raisons particulières. Les interventions se feront dans le cadre des programmes de caractère plurlannuel, par un système de partenariat entre la Communauté, les Etats membres et les régions. Ainsi les divers instruments de prêts et de subventions communautaires seront-ils exploités par les initiatives locales ou régionales.

Le deuxième objectif (reconversion des régions en déclin) devrait être atteint par les actions menées dans le cadre du FEDER et du FSE, tandis que le troisième et le quatrième ne concernent que le FSE et le cinquième le FEOGA. Contrairement aux deux premiers objectifs, qui sont fondés sur des critères géographiques, ces derniers concernent tous les Etats membres et ont trait aux politiques de l'emploi et du développement rural. L'action communautaire, dans ces domaines, s'insérerait au stade de la conception des politiques nationales des Etats membres, et elle se réaliserait à l'intérieur des programmes prévus par celles-ci.

La réforme des fonds structurels est importante : d'une part, les dépenses prévues connaissent une augmentation substantielle en termes réels dans le budget, d'autre part, les moyens de leur mise en œuvre sont rendues plus efficaces. Le choix des régions en retard de développement implique ainsi une concentration des interventions structurelles.

Jusqu'à nos jours, le FEDER intervenait sur environ 70 % du territoire communautaire et bénéficiait à 40 % de la population. Avec la réforme, cette dispersion sera beaucoup plus réduite. Par ailleurs, l'abandon de l'approche par projets au profit de celle par programmes va également dans le sens d'un renforcement de l'efficacité des interventions. Les 5000 projets financés chaque année par les Fonds souffraient d'un manque de cohérence avec les secteurs d'activités et les besoins réels des régions concernées. Leur remplacement par une quarantaine de programmes pluriannuels vise à obtenir une concertation plus poussée entre les autorités locales, nationales et communautaires, afin de mieux réaliser les ajustements.

Il faut bien voir, cependant, que les ajustements structurels au sein de la Communauté sont rendus de plus en plus difficiles au fur et à mesure que celle-ci s'élargit. Entre les pays fondateurs de la Communauté, l'ajustement résultant de l'intégration commerciale s'était fait relativement en douceur, en raison d'une proximité des niveaux de développement et des structures économiques qui favorisait, en particulier, l'expansion des échanges intra-branche. Mais, avec l'adhésion des pays de structures économiques très différentes, l'exploitation d'avantages comparatifs spontanés se traduit par une forte spécialisation inter-branche qui peut remettre en cause des secteurs industriels entiers (cf. rapport Padoa-Schioppa).

Tous ces problèmes de fond montrent que, sans mécanismes appropriés de résorption des disparités, l'intégration européenne est incertaine. La solution adoptée par la Communauté consiste à consacrer une partie des dépenses budgétaires communautaires à des fonds structurels, dont l'objectif est de faciliter les ajustements régionaux et sectoriels. Bien que cette solution semble appropriée dans le cadre d'une Communauté dont les pays membres veulent garder leur autonomie politique, elle peut ne pas être efficace si le

B. U. SAVOIE

montant des fonds reste limité. Or, l'une des critiques que l'on peut faire au budget communautaire est précisément que son incidence macro-économique reste très faible : ce budget ne représente qu'environ 1 % du PIB de la Communauté et correspond, à peu près, à 2,5 % des budgets nationaux.

Section 4. Les implications du processus d'intégration

Les difficultés de la régulation monétaire et budgétaire au sein de la Communauté montrent le chemin qui reste à parcourir dans la voie de l'intégration européenne. Au terme du processus, l'Europe occidentale – à douze pays ou davantage – serait équivalente, sur le plan économique, à un seul grand pays comme les Etats-Unis. Tel n'est pas encore le cas puisque les échanges entre les nations européennes sont toujours considérés comme des échanges internationaux.

A. Une différence de nature

Quelle est donc la différence de nature entre les échanges inter-régionaux, qui s'opèrent à l'intérieur d'un pays, et les échanges inter-nationaux que l'on peut observer entre les différents pays ? Selon la théorie économique classique, une nation est caractérisée essentiellement par ses facteurs de production : travail, capital, ressources naturelles. Si les deux premiers de ces facteurs sont mobiles à l'intérieur du pays, ils sont – comme le troisième – considérés comme immobiles dès que l'on aborde le domaine international. En revanche, les produits doivent pouvoir circuler librement entre les pays et – dans un régime de concurrence pure et parfaite leurs prix exprimés dans une monnaie commune doivent s'égaliser, soit dans chacun des cas (loi du prix unique), soit du moins en moyenne pour l'ensemble des produits échangés (principe de parité des pouvoirs d'achat).

Il est clair que cette analyse traditionnelle est très largement dépassée. Certes, les ressources naturelles demeurent attachées au terroir, cependant que la mobilité internationale du travail demeure limitée (seuils de tolérance vis-à-vis de la main-d'œuvre immigrée, seuils d'acceptation de l'émigration lorsqu'un pays tend à se vider de sa main-d'œuvre qualifiée). Mais l'internationalisation du capital s'accroît sans cesse : favorisée par la levée des contrôles et réglementations restrictives, elle a pris ces dernières années des formes de plus en plus diversifiées, soit par des accords directs entre les entreprises, soit par une multitude d'innovations financières.

Si les nations ont vu leur rôle se modifier, elles n'ont pas pour autant disparu du paysage économique. Bien que les échanges internationaux ouvrent des portes de communication entre les marchés nationaux, ceux-ci demeurent en effet distincts. Tel est le cas, évidemment, pour le marché du travail : dans chaque pays, le niveau des salaires dépend du niveau moyen de la productivité du travail. Mais tel est aussi le cas, dans un régime de concurrence monopolistique, pour les marchés des biens ou services échangés : sur longue période, le niveau relatif des prix par rapport à la moyenne mondiale, exprimé dans une monnaie commune, tend à s'accroître avec le niveau relatif d'efficacité du pays concerné. On peut enfin noter que les grandes entreprises, dont l'implantation géographique est de plus en plus souvent multinationale, restent presque toujours contrôlées par les nationaux d'un pays donné.

Ainsi, l'économie contemporaine est désormais caractérisée par l'articulation de deux dynamiques complémentaires : celle des entreprises et celle des nations. La première s'exerce à l'échelle mondiale dans chaque branche, où les entreprises, concurrentes ou alliées, stimulent et exploitent le progrès scientifique afin de répondre aux besoins, soit en proposant des produits nouveaux, soit en mettant en œuvre des technologies nouvelles. La seconde correspond au découpage territorial de l'espace mondial, la localisation de l'offre et de la demande découlant des caractéristiques propres à chaque nation : comportement spécifique des agents, politique économique de l'Etat, existence d'une monnaie dans laquelle s'exprime et se mesure le système de prix nationaux.

B. Deux logiques de fonctionnement

On peut, dès lors, définir deux logiques distinctes de fonctionnement selon que l'on examine les échanges internationaux ou les échanges inter-régionaux.

Un système ordonné de relations économiques internationales doit conduire à un gain général pour l'ensemble des partenaires, tout en atténuant graduellement les disparités entre les nations. Le gain est obtenu si la dose de libre échange est suffisante pour permettre le jeu des avantages comparatifs de type ricardien. Une hiérarchie normale des prix et des salaires, suivant le niveau d'efficacité des nations, doit favoriser une progression plus rapide des pays moins bien placés : en maintenant leur taux de change réel à un niveau relativement bas, ceux-ci bénéficient alors d'un avantage de compétitivité par les prix, qui compense le handicap d'une spécialisation moins favorable, cependant que leur épargne intérieure est complétée par des apports de capitaux extérieurs, attirés par leur coût moins élevé de leur main-d'œuvre (cf. G. Lafay, 1984).

Sans doute ce schéma quelque peu idyllique ne s'applique-t-il pas toujours dans la pratique, d'une part en raison du désordre économique et monétaire international, d'autre part parce que le pays en retard doit déjà avoir atteint un premier stade d'industrialisation. Mais le seul fait que l'on ait pu observer la montée du Japon, puis des "nouveaux pays industriels", prouve qu'un tel schéma peut se concrétiser dès lors que les conditions en sont réunies.

Tout autre est la logique de fonctionnement d'une économie nationale, située dans un espace territorial déterminé, soumise à un pouvoir politique central, et à l'intérieur de laquelle les transactions s'effectuent dans une monnaie unique. Des forces très puissantes tendent en effet à homogénéiser l'ensemble du marché intérieur : unité des règles juridiques, impact des dépenses et recettes de l'Etat central, existence de nombreux réseaux couvrant l'ensemble du territoire national (commerce, banques, médias, etc.). On observe par conséquent une tendance à l'alignement des prix intérieurs, surtout pour les biens de grande diffusion, même si quelques disparités régionales peuvent subsister çà et là. Parallèlement, l'existence de grandes centrales syndicales couvrant l'ensemble du territoire tend à unifier le marché du travail, même si des abattements de salaires peuvent subsister dans quelques régions éloignées du centre économique du pays.

Il faut bien percevoir la contrepartie de cette convergence des prix et des salaires au sein d'un marché homogène : toutes choses égales par ailleurs, les disparités économiques entre les régions vont tendre à s'accroître. En effet, tandis que les disparités entre des économies nationales inter-dépendantes sont susceptibles d'être résorbées par des mécanismes de marché, résultant des écarts de prix et de salaires, la tendance à l'alignement inter-régional des prix et des salaires bloque de tels mécanismes à l'intérieur d'une nation. Dès lors, les régions les mieux spécialisées doivent voir leur potentiel économique se renforcer, en constituant des pôles où s'exercent des effets de synergie, tandis que les régions dont la spécialisation est la moins favorable tendent logiquement à se vider de leur substance.

Face à cette évolution spontanée, on peut observer deux types de réactions. Ou bien – cas des Etats-Unis – la population accepte de vastes mouvements migratoires à l'intérieur du territoire national, et elle vient par conséquent se concentrer dans les régions les plus dynamiques à un moment donné. Ou bien – cas de la France depuis les années cinquante – une réaction de refus se manifeste devant la tendance à la désertification de certaines régions : il incombe alors à l'Etat de prendre des mesures efficaces d'aménagement du territoire (équipements collectifs, aides à l'implantation des activités, transferts sociaux), c'est-à-dire d'opérer une péréquation entre les régions pour contrecarrer cette évolution. Pour l'économie française, cette politique a obtenu des résultats probants puisque l'accroissement du poids de la région parisienne, qui menaçait de transformer le reste du territoire en un "désert français", a été arrêté.

Section 5. Deux scénarios au sein de la Communauté

Dans les années quatre-vingt-dix, l'Europe devra choisir l'une ou l'autre des deux logiques cohérentes de fonctionnement. Deux scénarios peuvent ainsi être envisagés au sein de la Communauté : soit une intégration complète la rendant équivalente aux Etats-Unis d'Amérique, soit une cohésion renforcée entre des nations qui resteraient encore distinctes.

A. Un scénario d'intégration complète

Poussé jusqu'à ses conséquences ultimes, le marché unique conduirait à l'intégration complète des pays européens. Cette perspective peut sembler la plus séduisante pour l'esprit, en raison du déclin relatif de l'Europe depuis le début des années soixante-dix. Si un tel objectif doit sans doute être poursuivi, on peut toutefois se demander s'il pourra être atteint au cours de la présente décennie.

Comme on l'a vu dans le Chapitre II, les nations de la CEE restent caractérisées par d'importantes différences, non seulement entre les niveaux de vie, mais surtout en ce qui concerne les tendances démographiques, le comportement des consommateurs et la spécialisation des appareils productifs. A cet égard, le rapprochement qui avait pu être observé au cours des années soixante a été plus que compensé par les vagues successives d'élargissement de la Communauté. Or l'attachement au terroir reste très vivace, et il paraît par conséquent exclu de laisser les déséquilibres s'accentuer entre les différentes régions de l'Europe occidentale.

Une intégration complète implique, à la fois, l'unification monétaire et l'existence d'un budget central suffisamment étoffé pour assurer une large péréquation entre les nations et entre les régions. Cette péréquation est nécessaire pour compenser les tendances spontanées du marché, c'est-à-dire pour aménager le territoire européen en instituant un mécanisme aussi efficace que celui qui a pu fonctionner à l'intérieur de la France. En clair, cela signifie que les régions les plus riches devraient accepter des prélèvements substantiels de revenus pour favoriser le développement économique et social des régions les plus pauvres. L'Europe sociale serait alors pleinement réalisée.

La troisième étape du Plan Delors implique ainsi le transfert au niveau communautaire d'un budget dont le montant devrait, probablement, atteindre au moins 10 % du PIB d'ensemble de la Communauté, c'est-à-dire dix fois plus qu'aujourd'hui. C'est dire l'ampleur de la tâche qui reste à accomplir. Les difficultés politiques de mise en œuvre d'un tel projet font douter de sa réalisation avant la fin du siècle.

B. Une cohésion renforcée des nations européennes

Le renforcement du dynamisme de la zone européenne, suivant une logique internationale cohérente, correspond à un objectif moins ambitieux mais plus réaliste dans les années quatre-vingt-dix. L'élimination des principales frontières à l'intérieur de la Communauté reste nécessaire en 1993, de même que le rapprochement des efforts de recherche. Le Système Monétaire Européen, quant à lui, changerait de nature : une stratégie commune serait définie et appliquée vis-à-vis du reste du monde, cependant que la stabilité à l'intérieur de la zone serait fondée sur des bases plus saines, tenant compte de la diversité des structures nationales.

Conçu dans une logique internationale, un tel scénario aurait un double objectif : d'une part, permettre le rattrapage des économies moins bien spécialisées, d'autre part, autoriser une croissance relativement plus forte pour ceux des pays dont le taux de chômage tend à devenir le plus élevé. Dans cette optique, des mécanismes internationaux de rééquilibre pourraient fonctionner efficacement à l'intérieur de la zone, en attendant que celle-ci ait atteint une homogénéité et une cohésion permettant de passer au stade supérieur. Il s'agit donc ici d'un optimum de second rang, qui est accessible dès maintenant, et qui pourrait constituer la transition nécessaire vers l'établissement d'une intégration plus complète.

Dans ce scénario, les monnaies nationales subsisteraient, au moins pour les transactions internes des pays, mais leurs taux-pivots réels refléteraient les disparités de spécialisation et de démographie. La prolongation de l'évolution observée au cours des dernières années aurait ainsi impliqué une réévaluation substantielle du deutsche Mark vis-à-vis des autres monnaies européennes, mais la perspective de réunification allemande change désormais les données du problème.

Conclusion

L'Europe à l'horizon 2000

Depuis l'origine de la CEE, un débat s'était établi sur le point de savoir s'il fallait, en priorité, approfondir l'intégration entre les pays membres ou ouvrir la Communauté à de nouveaux pays. L'Histoire a tranché ce débat par le fait que l'on a observé une alternance entre les phases d'approfondissement et les phases d'élargissement.

La construction européenne commença, depuis les années cinquante jusqu'au début des années soixante-dix, par une première phase d'approfondissement entre les six pays fondateurs, proches géographiquement et économiquement. Puis la Communauté européenne s'élargit, d'abord vers le Nord-Ouest (Royaume-Uni, Danemark et Irlande), ensuite vers le Sud (Grèce, Espagne et Portugal).

L'élargissement vers le Nord-Ouest ne posa pas de sérieux problèmes économiques dans la mesure où les niveaux de développement des pays concernés restaient proches de la moyenne européenne (à l'exception de la République d'Irlande, qui avait cependant des liens étroits avec le Royaume-Uni). En revanche, l'élargissement vers le Sud se justifia principalement par des raisons politiques, en dépit du retard économique sur la moyenne ouest-européenne : il s'agissait de consolider les régimes démocratiques mis en place dans ces trois nations, qui venaient de sortir de dictatures de droite. A cet égard, l'expérience a été concluante (ces pays ayant bénéficié d'une certaine protection du marché européen vis-à-vis du reste du monde), mais elle a eu pour effet d'accroître temporairement les disparités à l'intérieur de la Communauté.

La relance de la construction européenne à partir du milieu des années quatre-vingt, d'abord avec la mise en œuvre du marché unique à l'horizon 1993, puis avec la perspective d'union économique et monétaire (plan Delors), correspond à une nouvelle phase d'approfondissement, à un moment où la Communauté n'a pas encore entièrement digéré la phase précédente d'élargissement. Or, avant même que cet approfondissement de l'intégration soit pleinement réalisé, la Communauté se trouve confrontée à de nouvelles possibilités d'élargissement, respectivement vers le Nord, vers le Sud et vers l'Est.

Vers le Nord, on a pu mesurer l'intensité des relations économiques qui existent déjà entre les pays de l'AELE et ceux de la CEE, en particulier avec l'Allemagne fédérale. Tant les pays alpins (Suisse et Autriche) que les pays scandinaves de l'AELE (Suède, Norvège, Finlande et Islande) ne veulent pas pâtir d'une renforcement de l'intégration au sein de la Communauté ; ils souhaitent par conséquent renforcer leurs liens avec celle-ci, voire même y adhérer pour certains d'entre eux. Si un tel élargissement ne semble pas susceptible de soulever de graves difficultés économiques (les niveaux de développement au sein de l'AELE sont égaux ou supérieurs à la moyenne communautaire), il pose par contre des problèmes politiques : la plupart de ces pays sont neutres et peuvent difficilement accepter un processus d'intégration complète, et ce facteur est même actuellement la principale explication de leur situation en dehors de la Communauté.

Vers le Sud, après le premier élargissement réalisé dans les années quatre-vingt, deux autres pays frappent à la porte de la Communauté : la Turquie et le Maroc, qui sont étroitement liés à celle-ci sur le plan économique. Dans les deux cas, mais surtout pour le Maroc, leur demande pose, à la fois, la question des limites de l'Europe et celle des écarts acceptables de développement vis-à-vis de la moyenne communautaire. En toute hypothèse, la formule d'association paraît être la seule applicable dans les années qui viennent.

Les problèmes les plus délicats – et les plus inattendus-viennent cependant des conséquences des bouleversements politiques qui se sont produits à l'Est de l'Europe en 1989, singulièrement accélérés au cours des deux derniers mois de cette année. Dans les anciens satellites de l'URSS, la chute du mur de Berlin, le 9 novembre, a symbolisé l'écroulement des régimes communistes, les uns après les autres, ainsi qu'un réveil des identités nationales. La perspective d'élargissement vers l'Est, qui semblait naguère totalement irréaliste, a pris ainsi une actualité soudaine.

De même que la volonté de consolider de nouvelles démocraties avait justifié la première phase d'élargissement vers le Sud, l'élargissement vers l'Est peut être envisagé aujourd'hui pour la Pologne, la Hongrie, la Tchécoslovaquie, la Roumanie, la Bulgarie, éventuellement pour la Yougoslavie, hypothétiquement pour l'Albanie. A l'évidence, la tâche est immense puisque ces pays, qui sortent de dictatures de gauche, doivent faire le difficile apprentissage à la fois de la démocratie et de l'économie de marché. Si les conditions politiques sont réunies après les élections du printemps 1990, un processus de rapprochement avec la Communauté peut s'engager, mais une adhésion pleine et entière ne pourra pas être envisagée avant un certain délai, variable selon le degré de maturation des pays. Toutefois, l'évolution future de l'Europe dépend surtout des réponses qui seront apportées à deux questions cruciales : la question allemande et la question russe.

Depuis l'origine, la construction européenne s'était faite comme si la question allemande n'existait pas, ou plutôt comme si le partage de l'Allemagne en deux Etats séparés était une donnée intangible pour l'avenir prévisible. Certes, la République Fédérale d'Allemagne avait fait accepter par ses partenaires le traitement privilégié de ses échanges avec la République Démocratique Allemande : les produits de celle-ci rentraient dans la Communauté sans tarification douanière et avec des taux réduits de TVA, et la RFA n'avait jamais comptabilisé comme du commerce extérieur ses échanges avec la RDA. Mais dans la mesure où ceux-ci restaient relativement réduits (moins de 2 % du commerce extérieur de la RFA), les partenaires toléraient cette situation qui, d'une certaine façon et sur le plan commercial, faisait de la RDA le treizième membre de la Communauté.

Dès lors que les frontières se sont ouvertes aux populations, l'intégration économique entre les deux Allemagnes devient désormais un phénomène irréversible. Aucun des deux gouvernements ne peut, en effet, supporter longtemps la prolongation de flux migratoires aussi massifs que ceux qui ont été observés en 1989 (340 000 Allemands sont passés de RDA en RFA) et qui se sont encore amplifiés au début de 1990. C'est pourquoi le Chancelier Kohl a proposé un plan de rapprochement graduel entre les deux Allemagnes, dont la mise en œuvre s'accélère puisque l'union économique et monétaire commence à s'enclencher et que la réunification politique paraît très proche.

Pour la Communauté européenne, les implications sont immenses. L'intégration économique et politique entre les deux Allemagnes comporte, à la fois, des aspects positifs et des aspects négatifs. L'effet le plus favorable résulte du changement des perspectives macro-économiques en Allemagne fédérale. Tandis qu'auparavant celle-ci était vouée à une croissance de plus en plus ralentie, en raison de son implosion démographique, le contexte est radicalement transformé. Déjà, en 1989, les courants d'immigration en provenance de l'Est (Allemands de RDA, mais aussi Allemands ethniques originaires d'autres pays) avaient été de pair avec une croissance du PNB de 4,3 %, taux le plus élevé depuis treize ans. Un effort visant, avant l'an 2000, à élever le niveau de productivité de la RDA à celui, deux fois plus élevé, de la RFA, signifie un surcroît de production de l'ordre de 12 % pour l'Allemagne prise comme un tout.

Un dynamisme renouvelé de l'économie allemande sera favorable à la construction européenne puisqu'il atténuera les tensions observées à l'intérieur de la Communauté au cours des dernières années. La contrepartie résidera dans le fait que, selon toute vraisemblance, les capitaux ouest-allemands vont se diriger de façon prioritaire vers l'Allemagne de l'Est plutôt que de se placer dans les autres pays de la CEE. Cet effet négatif, découlant de l'intégration économique entre les deux Allemagnes, n'est cependant pas le plus grave. Aujourd'hui se pose la question de savoir si l'intégration européenne va pouvoir progresser au même rythme que l'intégration allemande.

Les autorités de la République Fédérale d'Allemagne affirment clairement leur intention de ne pas ralentir le processus d'intégration à l'intérieur de la Communauté. Nul ne saurait mettre en doute leur bonne foi, mais on ne peut ignorer les obstacles qui risquent d'entraver leur marche. Tel qu'il a été prévu par le Livre Blanc de 1985, le marché unique va sans doute pouvoir se mettre en place en 1993. En revanche, il est permis de s'interroger sur l'enclenchement des étapes de l'union économique et monétaire, envisagées par le plan Delors. Un tel processus ne peut aboutir que s'il s'accompagne de progrès institutionnels, qui permettraient de donner, dans des conditions démocratiques, une ampleur beaucoup plus grande au budget communautaire. Mais l'objectif d'une intégration politique plus poussée, sous la forme d'une fédération proposée par Jacques Delors à Strasbourg en janvier 1990, est-il une réponse réaliste aux défis des prochaines années ?

Poussée jusqu'à son terme, une intégration politique inclut nécessairement la défense. Il est évidemment exclu de réaliser une telle intégration sans la nation allemande, mais on voit mal, dans le contexte actuel, comment elle pourrait être réalisée avec celle-ci. D'une part, les Allemands de l'Ouest n'accepteront plus aucun mécanisme qui risquerait de freiner le processus de rapprochement avec leurs frères de l'Est ; d'autre part, on doit se demander dans quelles conditions les troupes russes se retireront d'Allemagne de l'Est.

Avec la question allemande, la question russe va en effet dominer le paysage européen dans les années qui viennent. La démocratisation en cours à l'Est de l'Europe n'est que le contrecoup de la politique de perestroïka voulue, en URSS, par Mikhaïl Gorbatchev. Cette politique avait été rendue nécessaire par l'échec patent du modèle économique soviétique, devenu encore plus évident à la suite de la course aux armements avec l'Amérique reaganienne. Or, jusqu'à présent, la perestroïka a échoué sur le plan économique parce qu'elle n'a pas été assez loin, cependant que l'amorce de libéralisation politique a fait apparaître au grand jour le réveil des nationalités à l'intérieur de l'Empire soviétique.

Ayant été bâtie sur les vestiges de l'Empire colonial russe, hérité des tsars, l'Union Soviétique avait trouvé dans l'idéologie marxiste-léniniste et la pratique stalinienne les instruments de son unité. Il n'est donc pas surprenant que la faillite idéologique du régime fasse resurgir les clivages nationaux, cependant que la démocratisation en cours déclenche un processus de décolonisation. L'issue peut être pacifique dans les Républiques baltes, tentées de suivre l'exemple des anciennes "démocraties populaires". Mais la nation russe voudra-t-elle garder l'ensemble de l'Empire, ou bien cherchera-t-elle à se replier sur la seule partie slave ?

Une telle interrogation est d'autant plus cruciale que les conflits de nationalités et de religions en Transcaucasie font peser de lourdes menaces sur les perpectives d'évolution pacifique.

Nul ne peut, actuellement, prédire l'avenir. Le mouvement de perestroïka en URSS ayant été dépassé par la rapidité du mouvement dans les anciens pays satellites, il n'est pas exclu que le courant réformateur accélère la cadence. Inversement, on ne peut pas écarter l'hypothèse d'un durcissement, où le nationalisme russe prendrait le relais d'une idéologie moribonde. Appuyé sur une armée qui demeure très puissante, un régime autoritaire pourrait reprendre le contrôle de tout ou partie de l'Empire. Il paraît peu vraisemblable, cependant, qu'il puisse restaurer sa suzeraineté sur tous les pays d'Europe centrale qui viennent de s'émanciper.

En toute hypothèse, la Russie continuera à peser de tout son poids sur le continent européen, par sa puissance économique, démographique et surtout militaire, même si sa taille la dispensera sans doute du besoin d'adhérer à une Communauté élargie. Ce besoin sera au contraire ressenti par ses anciens satellites et, d'ici la fin du siècle, il est probable que l'intégration progressera moins vite en Europe que l'élargissement. Si la Communauté des Douze choisit le scénario de cohésion renforcée, sans prétendre brûler les étapes, elle pourra constituer un pôle d'attraction pour les autres pays européens démocratiques. Avec ceux-ci, l'association pourrait prendre la forme souple d'une confédération politique de la Grande Europe, proposée par le Président Mitterand, avant de se prolonger sur le plan économique par une adhésion graduelle des différentes nations du continent.

Annexes

1. Références

- Abd-El-Rahman K. et Charpin, J.M., (1988) : "Performances des firmes et analyse des échanges commerciaux dans la Communauté Européenne", *Document de travail du CEPII*, n° 88-02, avril.
- Balassa B., (1986) : "Intra Industry Specialization", *European Economic Review.*
- Banque Indosuez (1989) : "Impact de la création du marché financier intégré sur le secteur des banques et des assurances", *Revue Economique de la Banque Indosuez*, 1er trimestre.
- Caisse des Dépôts et Consignations (1989) : *Revue d'Informations Européennes*, 15 décembre.
- Cecchini P., (1988) : "1992 : La nouvelle économie européenne. Une évaluation des effets économiques potentiels de l'achèvement du marché intérieur de la Communauté européenne", Rapport d'un groupe d'étude nommé par la Commission des Communautés Européennes et présidé par P. Cecchini, *Economie européenne*, n° 35, mars.
- CEPII (1990) : "Les enjeux de l'unification monétaire allemande", *La Lettre du CEPII*, n° 86, mars.
- CEPII-OFCE-Institute for Fiscal Studies (1990) : *Vers une fiscalité européenne ?*, Rapport, présenté à la Commission des Finances du Sénat, avril.

- Commission des Communautés Européennes (1985) : "L'achèvement du Marché intérieur", *Livre Blanc de la Commission à l'intention du Conseil européen,* Bruxelles.
- Commission des Communautés Européennes (1986) : "Acte unique européen", *Supplément au Bulletin des Communautés Européennes,* n° 21/86, Bruxelles.
- Commission des Communautés Européennes (1987) : "Réussir l'Acte unique européen - Une nouvelle frontière pour l'Europe", *Supplément au Bulletin des Communautés Européennes,* n° 1/87, Bruxelles.
- Commission des Communautés Européennes (1989) : "Charte communautaire des droits sociaux fondamentaux des travailleurs", *Document COM* (89) 471 final, Bruxelles, 30 octobre.
- Commission des Communautés Européennes (1989) : "Communication de la Commission sur son programme d'action relativement à la mise en œuvre de la Charte communautaire des droits sociaux fondamentaux des travailleurs", *Document COM* (89) 568, Bruxelles, 27 novembre.
- Commission des Communautés Européennes : *La Semaine Européenne,* n° 22 de 1988 et n° 35 de 1989.
- Conseil européen (1988) : "Réussir l'Acte unique européen - Texte consolidé des conclusions du Conseil européen", *Note de la Présidence,* SN/461/88.
- Delors J., (1989) : *Rapport sur l'union économique et monétaire dans la Communauté européenne,* Comité pour l'étude de l'union économique et monétaire présidé par J. Delors.
- Delors J., (1990) : *Discours devant le Parlement européen,* Janvier, Strasbourg.
- Fondation Europe et Société (1990) : *Les avancées de la présidence française,* Dossier documentaire, Paris.
- Fonds Monétaire International (1989) : "Le Rapport Delors recommande une approche conduisant par étapes à l'intégration", *Bulletin du FMI,* 17 juillet.
- Fonds Monétaire International (1989) : "Des experts étudient la question d'une autorité monétaire centrale", *Bulletin du FMI,* 4 décembre.
- Fonds Monétaire International (1989) : "Le projet du deuxième directive concernant les banques soulève certaines questions", *Bulletin du FMI,* 18 décembre.
- Génière de la R., (1987) : "Pour l'union monétaire européenne", *Revue du marché commun,* n° 307, Mai-Juin.
- Herzog C., (1989) : "Les trois Europe", *Economie prospective internationale,* n° 40, 4ème trimestre.

- Jacquemin A. et Sapir A., (1987) : *Intra-EC trade : a sectorial analysis,* Center for European Policy Studies, Bruxelles.
- Lafay G., (1984) : "Pour des taux de change de référence", *Economie prospective internationale,* n° 17, 1er trimestre.
- Lafay G. et Stemitsiotis L., (1988) : "La spécialisation internationale de l'industrie française", Rapport pour le Commissariat Général du Plan, *Document de travail du CEPII,* n° 88-10, septembre.
- Lafay G., Herzog C., Stemitsiotis L. et Unal D., (1989) : *Commerce international : la fin des avantages acquis,* Economica, Paris.
- Lafay G., (1990) : "La mesure des avantages comparatifs révélés-Exposé de la méthodologie du CEPII", *Economie Prospective internationale,* n° 41, 1er trimestre.
- Le Monde (1989) : "Europe : les promesses de l'Acte unique", *Supplément aux Dossiers et Documents du Monde,* mai.
- Maillet P. et Rollet P., (1988) : *Intégration économique européenne, théorie et pratique,* Nathan, Paris.
- Padoa-Schioppa T., (1987) : *Efficacité, stabilité et équité : une stratégie pour l'évolution du système économique de la Communauté européenne,* Rapport du groupe d'étude sur la stratégie d'intégration de la Communauté européenne, Economica, Paris.
- Paoloni M., (1990) : "L'Europe ouvre ses secteurs protégés à la concurrence communautaire", *La Tribune de l'Expansion,* vendredi 23 février.
- The Economist (1990) : "Pieces on the board", *A survey of european insurance,* february 24.

2. Découpage géographique et sectoriel

Grandes zones hors Europe Occidentale (zones CHELEM)

Zones agrégées	Composition des zones agrégées	Code CHELEM
Etats-Unis		A
Canzas	Canada	B
	Australie, Nouvelle Zélande	MA
	Afrique du Sud	MB
Japon		L
Amérique Latine	Venezuela, Equateur	NA
	Mexique	NB
	Brésil	NC
	Autres pays Amérique Latine	ND
Golfe	Moyen-Orient OPEP	OB
Afrique en dévpt	Afrique du Nord OPEP	OA
	Afrique du Nord non OPEP	OC
	Moyen-Orient non OPEP	OD
	Nigeria, Gabon	PA
	Afrique n.d.a.	PB
Asie en dévpt	Indonésie	QA
	Inde	QB
	NPI d'Asie	QC
	Autres pays d'Asie	QD
	Chine	TA
	Indochine	TB
Europe de l'Est	Union Soviétique	R
	Europe Centrale	S

Détail des pays d'Europe Occidentale

CEE

– C France
– D Belgique et Luxembourg
– E Allemagne Fédérale
– F Italie
– G Pays-Bas
– HA Royaume-Uni
– HB Irlande
– IA Danemark
– KA Espagne
– KB Grèce
– KC Portugal

Autres pays d'Europe Occidentale

– IB	Autres pays Scandinaves	Suède Norvège Islande Finlande
– JA	Suisse	
– JB	Autriche	
– KD	Autres pays de la zone "Europe Méridionale"	Yougoslavie Turquie Israël Chypre Malte

Découpage sectoriel

		Code CHELEM
Energie	Charbon	IA
	Pétrole brut	IB
	Gaz naturel	IC
	Coke	IG
	Produits raffinés du pétrole	IH
	Electricité	IJ
Agro-alimentaire	Céréales	JA
	Autres agricoles comestibles	JB
	Agricoles non comestibles	JC
	Produits à base de céréales	KA
	Corps gras alimentaires	KB
	Viandes, poissons	KC
	Conserves animales	KD
	Conserves végétales	KE
	Sucre	KF
	Aliments pour animaux	KG
	Boissons	KH
	Tabacs manufacturés	KI
Textile	Fils, tissus	DA
	Vêtements de confection	DB
	Vêtements de bonneterie	DC
	Tapis	DD
	Cuirs	DE
Bois-pap.-div.	Ouvrages en bois	EA
	Meubles	EB
	Papier	EC
	Imprimés	ED
	Manufacturés divers	EE
Chimie	Ciment	BA
	Céramique	BB
	Verre	BC
	Chimie minérale de base	GA
	Engrais manufacturés	GB
	Chimie organique de base	GC
	Peintures et colorants	GD
	Produits de toilette	GE
	Pharmacie	GF
	Matières plastiques, fibres	GG
	Articles en plastique	GH
	Pneumatiques	GI
	Minéraux bruts n.d.a.	HC

Découpage sectoriel (suite)

Sidérurgie	Minerais et déchets de fer	HA
	Fer et acier	CA
	Tubes	CB
Métaux non ferreux	Minerais et déchets non ferreux	HB
	Métallurgie non ferreuse	CC
Mécanique	Gros ouvrages métalliques	FA
	Quincaillerie	FB
	Moteurs	FC
	Matériel agricole	FD
	Machines-outils	FE
	Matériel BTP	FF
	Machines spécialisées	FG
	Armements	FH
	Navires	FV
	Aéronautique	FW
	Divers	NV
Véhicules	Eléments de véhicules	FS
	Automobiles particulières	FT
	Véhicules utilitaires	FU
Mat. élec.	Electroménager	FP
	Gros matériel électrique	FQ
	Fournitures électriques	FR
Electronique	Instruments de mesure	FI
	Horlogerie	FJ
	Optique, photo	FK
	Composants électroniques	FL
	Electronique grand public	FM
	Matériel de télécommunication	FN
	Matériel informatique	FO

Liste des graphiques

Liste des tableaux